Edina Stratmann

Kinderträume aus Stoff

Schmusetiere, Spielsachen & Accessoires

OZ creativ

Nähen und Fotografieren sind zwei große Leidenschaften der Autorin ***Edina Stratmann****. In diesem Buch präsentiert sie beides. Inspirationsquellen für ihr kreatives Schaffen bietet ihr bewegter Familienalltag reichlich*

VORWORT

Liebe Leserinnen, liebe Leser,

als Mutter von drei Kindern habe ich in den letzten 15 Jahren sehr viel Zeit mit Nähen verbracht. Abends, wenn meine Sprösslinge im Bett waren, habe ich mich an meine Nähmaschine gesetzt und diverse Spielzeuge, Handtaschen und Puppenkleider angefertigt. Meist waren es unkomplizierte Modelle, die an einem Abend fertig waren und den Kindern sehr viel Freude bereitet haben.

Die Vorbereitung auf das Nähen macht mir ebenso viel Spaß, wie das Kreieren eigener Entwürfe. Wenn ich zum Beispiel ein Set nähe, achte ich darauf, dass die Farben harmonieren. Auch die richtige Wahl von Knöpfen, Bändern und anderen Accessoires trägt dazu bei, wie gut die Modelle am Ende wirken.

Bevor Sie sich an die Arbeit machen, gibt es einige Punkte, auf die Sie achten sollten: Es ist wichtig, dass Sie die Stoffe stets vor dem Nähen waschen. So können Sie verhindern, dass sie später verfärben oder unterschiedlich einlaufen. Wie heißt es so schön: „Gut gebügelt, ist halb genäht." Es erleichtert die Arbeit sehr, wenn Sie die Teile zwischendurch immer wieder überbügeln.

Allerdings sollten Sie dabei darauf achten, dass Sie sehr empfindliche Stoffe nur mithilfe eines darübergelegten Tuches bügeln.

Die Vorlagen für die Modelle finden Sie direkt bei der Anleitung oder auf den Seiten 56 bis 61. Die Schnitte können Sie mit einem Kopiergerät vergrößern. Dann schneiden Sie die Schnitteile aus und heften sie auf die rechte Stoffseite. Markieren Sie die Konturen mit Schneiderkreide oder einem auswaschbaren Stift. Bei sehr empfindlichen, dünnen Stoffen reicht es, wenn Sie den Schnitt vorsichtig aufheften und dann die Teile ohne Markierung nähen.

Die Modelle enthalten 1 cm Nahtzugabe, Abweichungen sind mit einem Hinweis vermerkt. Die Stoffmenge wurde bei allen Modellen großzügig bemessen. Dabei wird immer von 140 cm Stoffbreite ausgegangen.

Nähen soll Spaß machen! Deshalb habe ich die Entwürfe so zusammengestellt, dass sie sich bereits für Nähanfängerinnen eignen. Ich hoffe, dass Sie viel Freude an diesem Buch und beim Nähen der Modelle haben werden.

Gutes Gelingen
wünscht Ihnen Ihre

Edina Stratmann

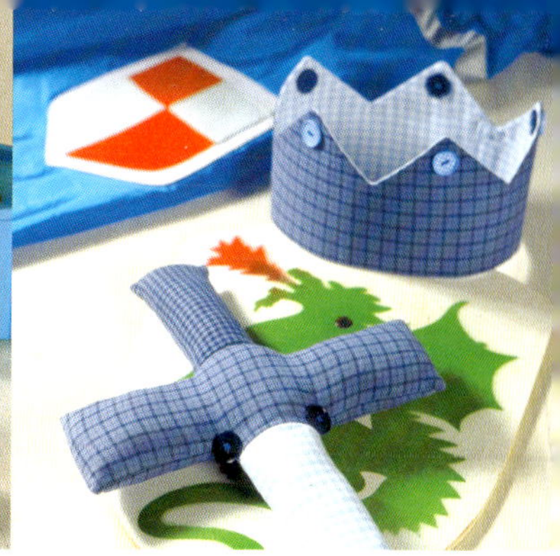

INHALT

✦ = sehr einfach *✦✦ = einfach* *✦✦✦ = einfach, aber etwas aufwändiger*

Materialien und Werkzeuge

Auch zum Nähen ist gutes Werkzeug von großer Bedeutung. Neben Grundmaterialien, wie zum Beispiel Stecknadeln, Heftgarn und Fingerhut, gibt es einige weitere Hilfsmittel, die die Arbeit erleichtern.

Grundmaterial

- Nähmaschine
- Bügeleisen
- Bügelbrett
- Nähgarn
- Heftgarn
- Scheren
- Stecknadeln
- Nähnadeln
- Markierstifte
- Fingerhut

Scheren

Stoffscheren dürfen nur zum Zuschnitt von Stoff verwendet werden, da sie beim Papierschneiden stumpf werden. Am besten nehmen Sie eine große, scharfe Schere für das Zuschneiden der Stoffe und eine kleine, spitze Schere für filigrane Arbeiten. Zuschneidescheren liegen an der Unterseite flach auf. Mit der Zickzackschere spart man sich häufig das Versäubern der Nahtzugaben, sie eignen sich besonders gut für nicht fransende Stoffe.

Dampfbügeleisen

Da beim Nähen immer wieder gebügelt wird, kann man ein Dampfbügeleisen sehr gut nutzen. Bei einigen empfindlichen Stoffen soll man jedoch unbedingt ein Tuch über den Stoff legen und darüberbügeln.

Hilfsmittel zum Übertragen von Schnitten

Schnitte überträgt man am besten mit Schneiderkreide oder mit Schneiderkopierpapier und Kopierrädchen auf den Stoff. Schneiderkreide gibt es in verschiedenen Farben. Da sich aus manchen Stoffen die Kreide nicht mehr entfernen lässt, ist es ratsam, sie zuerst auf einem Stoffrest auszuprobieren. Die Kreide wird immer auf der linken Seite des Stoffes verwendet.

Nähgarn

Nähgarn gibt es in verschiedenen Ausführungen, aus Baumwolle, Polyester oder reiner Seide. Für die meisten Stoffe kann man Polyesterfaden verwenden, dessen Elastizität und hohe Reißfestigkeit eine haltbare Naht garantieren.

Baumwolle

Baumwolle besteht aus dem Samenhaar einer malvenähnlichen Staudenpflanze.
Baumwollstoffe eignen sich besonders gut für Kleidung und Spielzeug für Kinder, da sie sehr hautfreundlich sind.

Leinen

Leinen gewinnt man aus dem Stängel der Flachspflanze.
Die Leinenfaser eignet sich für die Herstellung von Wäsche und Kleidung. Leinenstoffe haben ein sehr natürlich wirkendes Aussehen und sind daher auch für Dekorationen und Accessoires sehr geeignet.

Fleece

Fleece ist kein Gewebe, sondern Maschenware. Bei der Bindung werden Plüschschlaufen gebildet, die anschließend aufgeschnitten und geraut werden.
Fleece wird vorwiegend im Outdoorbereich verwendet. Auch Decken oder Futterstoffe werden gerne aus Fleece hergestellt. Fleece ist atmungsfähig und elastisch, angenehm weich auf der Haut und antiallergisch. Es hat eine Wasser abweisende Oberfläche und trocknet sehr schnell. Es gibt verschieden starke Qualitäten: 100er, Mikro Fleece, 200er Basic und 300er. Die Zahl gibt das Gewicht in Gramm pro Quadratmeter an, je größer die Zahl ist desto dicker ist das Fleece. Besonders im Einsatzbereich rund um Baby und Kleinkind ist Fleecestoff ein besonders geeignetes Material.

Kleine Nähschule

TIPP

Schrägstreifen können Sie fertig kaufen oder selbst herstellen. Dazu entsprechend breite Streifen diagonal aus einem Stoff zuschneiden.

Stoffbruch
Da die meisten Stoffe doppelt liegen, entsteht eine Faltlinie, die als Stoffbruch bezeichnet wird. Auf einem Schnitt bezeichnet der Stoffbruch die Mitte eines Schnittteils. Dort wird der Stoff gefaltet und die entsprechende Kante des Schnitts aufgelegt. An dieser Stelle entsteht keine Naht.

Fadenlauf
Auf den Schnittplänen ist der Fadenlauf mit einem Pfeil gekennzeichnet. Beim Zuschneiden muss darauf geachtet werden, dass der Pfeil parallel zur Webkante des Stoffes liegt.

Einfassen mit Schrägband
Die Schrägstreifen von 3 cm Breite werden zuerst auf die rechte Stoffseite gelegt und füßchenbreit angesteppt. Danach wird der Streifen auf die linke Seite gefaltet, umgeschlagen und die umgeschlagene Kante mit der Nähmaschine oder per Hand angenäht.

Kanten und Nähte versäubern
Die Stoffkanten und Nahtzugaben in den Nähten werden mit kleinem Zickzackstich mit der Nähmaschine oder per Hand versäubert, um sie vor dem Ausfransen zu schützen. Die Nähte werden zuvor auseinandergebügelt.

Applikationen
Applikationen kann man auf verschiedene Art und Weise aufnähen.

1. Methode:
Anhand der Vorlage eine Schablone aus Papier anfertigen. Diese auf die rechte Seite des Stoffes legen und mit einem auswaschbaren Stift umranden. Das Motiv mit einer Nahtzugabe von 5 mm ausschneiden und den Stoff an der Schnittkante bis zur markierten Linie zur Rückseite hin umlegen. Die umgeschlagene Kante zunächst mit großen Stichen heften. Bei flachen Rundungen den Saum durch leichte Kräuselung einhalten, bei sehr starken Rundungen die Kante vorsichtig mehrmals bis zu der Umrissmarkierung einschneiden. Nachdem das Motiv gebügelt wurde, näht man es mit der Nähmaschine oder per Hand auf.

2. Methode:
Wenn es schnell gehen soll, kann man Applikationen im Handumdrehen mit Vliesofix® anfertigen. Dies ist ein Trägerpapier, welches auf der einen Seite mit einer Klebeschicht versehen ist. Zuerst das Motiv spiegelverkehrt auf die Papierseite des Vliesofix® durchpausen und grob zuschneiden. Dann die Klebeseite auf die linke Seite des Applikationsstoffes aufbügeln. Nun das Motiv exakt ausschneiden, die Papierschicht abziehen und das Motiv auf den Stoff bügeln. Anschließend die Kontur mit einem kleinen Zickzackstich umnähen.

Wenden
Zum Wenden von runden Formen (z.B. Spielzeugtiere) müssen die Nahtzugaben in kleinen Abständen bis ganz an die Naht eingeschnitten werden. Spitzen und Ecken der Nahtzugaben werden vorsichtig abgeschnitten.

Ausstopfen
Zum Füllen von Stoffspielzeug wird Polyesterwatte benutzt, die sich waschen lässt (auch als Zauberwatte oder Spielzeugwatte im Handel). Zum Trocknen kann man das Spielzeug auf die Heizung legen. Die Tiere je nach Bedarf weich oder fest ausstopfen und jeweils die Wendeöffnung von Hand schließen.

Spielzeugbeutel nähen

1. Schnittteil so auf Außenstoff und Futterstoff legen, dass der Fadenlauf parallel zu den Webkanten verläuft. Schnittteil auf den Stoffen feststecken.

2. Mit Schneiderkreide die Schnittkonturen auf beide Stoffe (Außenstoff und Futterstoff) übertragen.

3. Die beiden Stoffkreuze entlang der Schnittkonturen ohne Nahtzugabe zuschneiden.

4. Die beiden Stoffkreuze rechts auf rechts deckungsgleich aufeinanderlegen und feststecken.

5. Die vier kurzen äußeren Enden der beiden Stoffkreuze aufeinandersteppen, die Nähte auseinanderbügeln.

6. Jeweils die zwei langen Seiten der Außenseite und die langen Seiten des Futterstoffs zusammenheften. Beginnen und enden Sie jeweils an der inneren Ecke. Es ergibt sich eine lange, durchgehende Naht.

7. Die Seiten durchlaufend zusammennähen, dabei an einer der Futternähte eine Wendeöffnung lassen.

8. Gesamte Tasche durch die Öffnung wenden.

9. Die Wendeöffnung an der Futternaht mit der Hand zunähen.

10. Das Innenteil in den Beutel schieben und den Beutel bügeln.

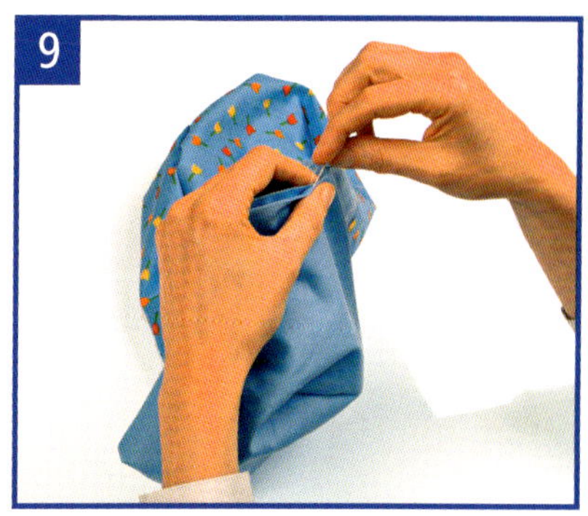

Eine Wickeltasche mit diesem süßen Gesellen ist immer willkommen

Wickeltasche
Schwierigkeitsgrad
◆◆◆
Größe
40 x 40 cm

TIPP

Applikationen, wie diesen kleinen Elefanten, entnehmen Sie einem hübschen Motivstoff

Alles dabei

MATERIAL

- 0,60 m gelber Fleecestoff
- 0,20 m grüner Fleecestoff
- 0,50 m bunter Baumwollstoff
- bedruckter Stoff für die Applikation
- 0,10 m Vliesofix®
- Füllwatte

Zuschneiden:
Vorlage für den Knopf (unten) in Originalgröße durchpausen und ausschneiden.
45 x 44 cm in Gelb, zweimal, für die Taschenaußenseite
45 x 44 cm in Bunt, zweimal, für das Futter
17 x 44 cm in Grün, einmal, für die Außentasche
17 x 44 cm in Bunt, einmal, für die Außentasche
60 x 8 cm in Gelb, zweimal, für den Träger
10 x 10 cm in Grün, zweimal, für den Knopf
25 x 4 cm in Bunt, einmal, für die Knopfschlaufe

Nähen:
Vliesofix® auf die linke Seite des Applikationsstoffes bügeln. Applikationsmotiv ausschneiden, das Trägerpapier abziehen und das Motiv auf die Außentasche bügeln. Die Applikation entlang der Kanten mit klein eingestelltem Zickzackstich auf den Stoff nähen.

Außentasche aus grünem Fleece und den Futterstoff rechts auf rechts aufeinanderlegen und an der langen oberen Kante zusammennähen. Die obere Kante etwas zurückklappen, so dass der gelbgrün gemusterte Futterstoff zu sehen ist, und bügeln.

Die fertige Außentasche auf das Vorderteil der Wickeltasche stecken und in der Mitte mit einer senkrechten Naht festnähen.

Große Taschenteile rechts auf rechts aufeinanderlegen, die seitlichen und unteren Kanten aufeinandersteppen, die Außentasche dabei mitfassen. Nähte auseinanderbügeln. Die Futterteile ebenso rechts auf rechts aufeinanderlegen, die seitlichen und unteren Kanten aufeinandersteppen, dabei an einer Seite eine Öffnung in der Nahtmitte offen lassen. Nähte auseinanderbügeln.

Für die Knopfschlaufe den Streifen Futterstoff rechts auf rechts aufeinanderlegen und entlang der Längskanten steppen. Band wenden und bügeln.

Die beiden gelben Fleecestreifen für die Träger rechts auf rechts legen und entlang der Längskanten steppen. Beide Träger wenden und bügeln. Jeweils eine schmale Seite von Hand schließen.

Die beiden Taschenteile rechts auf rechts ineinanderschieben, Knopfschlaufe und Henkel an den kurzen Enden entlang der Oberkante feststecken, so dass sie zwischen den rechten Taschenseiten liegen. Entlang der Oberkante rundum steppen, dabei die Knopfschlaufe und die Henkel dazwischen fassen.

Tasche durch die seitliche Öffnung wenden und bügeln. Wendeöffnung mit der Hand zunähen.

Die Stoffe für den Knopf nach der Vorlage unten zuschneiden, rechts auf rechts aufeinanderlegen und bis auf eine kleine Öffnung zusammennähen. Wenden, mit Füllwatte ausstopfen und die Öffnung mit der Hand zunähen. Knopf auf die Tasche nähen.

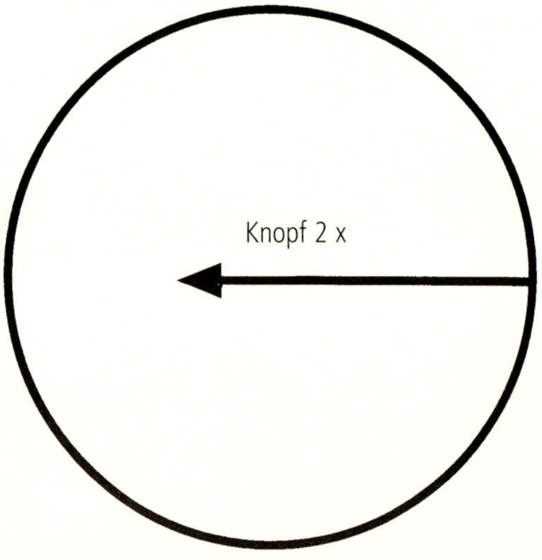

Das ist der Latz für den Bärenhunger

Lätzchen
Schwierigkeitsgrad
◆
Größe
35 x 28 cm
Vorlage Seite 56

Milchflaschenbeutel
Schwierigkeitsgrad
◆◆
Größe
26 cm
Schemazeichnung Seite 57

TIPP

Applikationsmotive finden Sie auf bedruckten Kinderstoffen.

So schmeckt´s!

Lätzchen

MATERIAL

- 0,40 m gelber Fleecestoff
- 0,10 m grüner Fleecestoff
- 0,40 m bunter Baumwollstoff
- Applikationsmotiv
- 0,10 m Vliesofix®

Zuschneiden:
Vorlage „Lätzchen" von Seite 56 vergrößern und ausschneiden. Alle Stoffteile mit rundum 1 cm Nahtzugabe zuschneiden. Die Lätzchenvorlage ist durch eine Querlinie abgeteilt.

40 x 40 cm in Gelb, einmal, für den oberen Bereich des Lätzchens
10 x 40 cm in Grün, einmal, für den unteren Bereich des Lätzchens
Lätzchenform nach Vorlage in Bunt, einmal, für das Futter
80 x 6 cm in Grün für das Schrägband

Nähen:
Das gelbe Stoffteil entlang seiner langen Kante an das grüne Stoffteil annähen. Den Schnitt auf den zusammengesetzten Stoff legen, so dass die Querlinie des Schnittes entlang der Naht zwischen Grün und Gelb verläuft. Lätzchenvorderseite mit 1 cm Nahtzugabe ausschneiden.

Vliesofix® auf die linke Seite des Applikationsstoffes bügeln. Die Applikation ausschneiden, das Papier abziehen und das Motiv auf die Vorderseite des Lätzchens bügeln. Die Konturen der Applikation mit klein eingestelltem Zickzackstich auf den Stoff nähen.

Vorderteil und Futterteil des Lätzchens rechts auf rechts aufeinanderlegen und entlang der äußeren Rundung steppen. Die Nahtzugaben an den Rundungen vorsichtig einschneiden. Lätzchen wenden und bügeln. Halsausschnitt mit dem Schrägband aus grünem Fleecestoff einfassen. Die Kanten des Schrägbands bis an die Enden hin knappkantig aufeinandernähen, um die Bindebänder zu formen.

Milchflaschenbeutel

MATERIAL

- 0,70 m gelber Fleecestoff
- 0,70 m bunter Baumwollstoff
- 0,10 m grüner Fleecestoff

Zuschneiden:
Ohne Nahtzugaben zuschneiden.
10 x 66 cm in Gelb, einmal, für die Außenseite
10 x 28 cm in Gelb, zweimal, für die Seiten der Außenseite
10 x 66 cm in Bunt, einmal, für die Innenseite (Futter)
10 x 28 cm in Bunt, zweimal, für die Seiten der Innenseite (Futter)
40 x 9 cm in Grün, einmal, für das Bindeband

Nähen:
Die Beutelteile und Futterstoffteile in Kreuzform zusammensetzen, wie auf Abb. Seite 57. Die beiden Stoffkreuze rechts auf rechts aufeinanderlegen die kurzen äußeren Kanten steppen.

Jeweils die zwei innen liegenden Seiten sowohl an dem Fleecestoff als auch an dem Futterstoff zusammenheften und durchlaufend zusammennähen. Dabei an einer Naht des Futterstoffes eine Wendeöffnung lassen. (Siehe auch Lehrgang Seiten 8 und 9)

Hülle durch die Öffnung im Futterstoff wenden. Wendeöffnung von Hand schließen. Den Futterstoff in die Hülle hineinschieben. Die Oberkante der Flaschenhülle knappkantig absteppen.

Den Stoff für das Bindeband der Länge nach rechts auf rechts falten und an einer kurzen und der langen Seite steppen. Band wenden und das Ende mit der Hand zunähen. Das Band an einer Seite des Beutels festnähen.

Piep, piep – ich hab´ dich lieb

Wärmflaschenbezug

Schwierigkeitsgrad

◆

Größe

29 cm hoch

Vorlage Seite 56

Greifling

Schwierigkeitsgrad

◆◆◆

Größe

18 cm

Vorlage Seite 56

Sehr praktisch: das komplette Set!

Babys Liebling

Wärmflaschenbezug

MATERIAL

- 0,35 m grüner Fleecestoff
- 0,15 m gelber Fleecestoff

Zuschneiden:

Vorlage „Wärmflaschenbezug" von Seite 56 vergrößern und ausschneiden

Bezug nach Vorlage, Grün, zweimal im Stoffbruch, für die Außenseite

Bezug nach Vorlage, Gelb, zweimal im Stoffbruch, für das Innenfutter

20 x 6 cm Gelb, für die Schleife

Nähen:

Je ein Flaschenteil und ein Innenteil entlang der gesamten äußeren Kontur aufeinandernähen. Die Kanten des gelben Innenteils mit Zickzackstich versäubern. Beide Teile rechts auf rechts aufeinanderlegen und die Außenseiten steppen. Flaschenbezug wenden, sodass die gelbe Seite innen liegt, und bügeln. Die Kanten der oberen Öffnung nach innen falten, heften und mit Zierstich versehen.

Den Stoff für die Schleife rechts auf rechts der Länge nach zur Hälfte falten und an einer kurzen und der langen Seite steppen. Schleife durch das offene Ende wenden und dort von Hand zunähen. Streifen zur Schleife falten und mit der Hand auf den Wärmflaschenbezug nähen.

HINWEIS

Der gelbe Stoff ragt nur halb in die Innenseite des Wärmflaschenbezugs. Auf dem Schnittteil ist die Unterkante des Innenteils durch die Querlinie markiert.

Greifling

MATERIAL

- 0,20 m gelber Fleecestoff
- 0,10 m roter Fleecestoff
- 0,10 m grüner Fleecestoff
- Füllwatte
- rotes Stickgarn

Zuschneiden:

Vorlagen „Ente" (Kopf, Körper, Flügel, Schnabel) von Seite 56 vergrößern und ausschneiden. Alle Stoffe mit 1 cm Nahtzugabe zuschneiden.

Kopfteil in Gelb, zweimal im Stoffbruch

Körper in Gelb, zweimal im Stoffbruch

Flügel in Gelb, zweimal im Stoffbruch

Schnabel in Rot, viermal (zweimal gegengleich)

7 x 17 cm in Grün, einmal, für den Griff

Nähen:

Je zwei halbe Schnabelteile rechts auf rechts aufeinanderlegen und an der geraden Kante in der Mitte zusammennähen. Beide Schnabelteile rechts auf rechts entlang der äußeren Rundung steppen. Schnabel wenden und bügeln. Jeweils einen Körper- und Kopfteil rechts auf rechts entlang der Verbindungsnaht steppen. Dabei den Schnabel in die Naht des vorderen Körper- /Kopfteils mit fassen. Die beiden Körperteile rechts auf rechts aufeinanderlegen und bis auf die Unterkante rundum zusammensteppen. Jeden Flügel entlang des Stoffbruchs falten und die runden Kanten bis auf eine kleine Öffnung schließen. Flügel durch die Öffnung wenden, bügeln, und die Öffnung von Hand zusammennähen. Für den Griff den grünen Stoff rechts auf rechts der Länge nach zur Hälfte falten und an der Längskante steppen. Griff wenden und mit Füllwatte stopfen.

Den Körper durch die offene Unterkante ebenso mit Füllwatte füllen. Die Öffnung an der unteren Kante mit der Hand zusammennähen, dabei die beiden Enden des Griffs mit einnähen. Die Flügel mit der Hand aufnähen und die Augen an den auf der Vorlage mit x markierten Stellen mit rotem Garn sticken.

Dieses Täschchen lässt kleine Herzen höherschlagen

Tasche mit Herz

Schwierigkeitsgrad

◆◆

Größe

35 cm

Vorlage Seite 56

Für die junge Dame

MATERIAL

- 0,60 m Wachstuch mit Blumenmotiv
- 0,60 m karierter Baumwollstoff
- Füllwatte
- Strassstein zum Aufnähen

Zuschneiden:
50 x 20 cm Wachstuch, einmal,
für die Außenseite
10 x 20 cm Wachstuch, zweimal,
für die Seitenteile außen
50 x 20 cm Baumwollstoff, einmal,
für das Futter
10 x 20 cm Baumwollstoff, zweimal,
für die Seitenteile des Futters
35 x 8 cm Wachstuch, einmal,
für den Taschenhenkel
25 x 7 cm Baumwollstoff, zweimal,
für die Bindebänder

Vorlage „Herz" durchpausen und aus Papier ausschneiden.
Herzform in Baumwollstoff, zweimal im Stoffbruch, mit 1 cm Nahtzugabe

Nähen:
Für den Henkel das Wachstuch der Länge nach rechts auf rechts falten, entlang der Längskante steppen und wenden.

Den karierten Stoff für die Bindebänder der Länge nach rechts auf rechts legen und an der Längskante und einer kurzen Seite steppen. Die Bänder wenden und bügeln.

Für das Herz den Stoff rechts auf rechts aufeinanderlegen und bis auf eine kleine Öffnung entlang der Außenform steppen. Das Herz wenden und mit Füllwatte ausstopfen. Wendeöffnung von Hand schließen und einen Strassstein aufnähen.

Die Taschenteile und die Futterstoffteile zu einem Kreuz nähen, wie abgebildet. Die zwei Stoffkreuze rechts auf rechts aufeinanderlegen die kurzen äußeren Kanten steppen, die Bindebänder und den Henkel dabei mitfassen.

Jeweils die zwei innenliegenden Seiten von Taschenteil und dem Futterstoff zusammenheften und durchlaufend zusammennähen. (Siehe auch Lehrgang Seiten 8 und 9). Dabei in einer Naht des Futterstoffs eine Wendeöffnung lassen. Tasche durch die Öffnung wenden, das Innenteil in das Taschenteil einschieben. Die Öffnung von Hand zusammennähen.

Einmal knappkantig entlang der Taschenoberkante steppen und zum Schluss das Herz von Hand aufnähen.

Schnitt

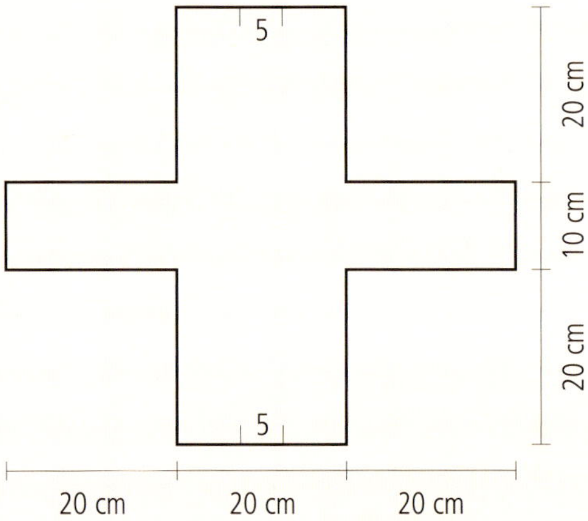

Romantischer Chic für kleine Damen

Geldbörse
Schwierigkeitsgrad
◆
Größe
12 x 10 cm

Mappe für Buntstifte
Schwierigkeitsgrad
◆◆
Größe
11 x 11 cm
Schemazeichnung Seite 57

Blumiges für unterwegs

Geldbörse

MATERIAL

- 0,30 m Wachstuch mit Blumenmotiv
- 0,30 m karierter Baumwollstoff
- Druckknopf
- Strassstein zum Aufnähen

Zuschneiden:
Teile ohne Nahtzugabe zuschneiden.
28 x 12 cm Wachstuch mit Blumenmotiv, einmal, für die Außenseite
28 x 12 cm kariertem Baumwollstoff, einmal, für das Futter

Nähen:
Wachstuch und Futterstoff rechts auf rechts aufeinanderlegen und an einem kurzen Ende eine längliche Spitze schneiden. Beide langen Kanten und die Spitze zusammensteppen. Wenden, offene Unterkante nach innen schlagen und knappkantig absteppen.

Unterkante nach oben falten und die Seiten bis zum Beginn der Spitze zusammensteppen. Geldbörse wenden und die Spitze als Klappe nach unten falten. An der Spitze der Klappe einen Druckknopf und einen Strassstein mit der Hand aufnähen.

Mappe für Buntstifte

MATERIAL

- 0,15 m Wachstuch mit Blumenmotiv
- 0,15 m karierter Baumwollstoff
- 18 cm Satinband, zweimal
- 9 x 0,5 cm Gummiband, zweimal

Zuschneiden:
11 x 24 cm Wachstuch, einmal, für die Außenseite
11 x 13 cm Baumwollstoff, zweimal, für die Innenseite
11 x 4 cm Baumwollstoff, viermal, für die Innenbeläge

Nähen:
Die vier kleinen Streifen rechts auf rechts der Länge nach falten, an der Längskante zusammennähen und wenden.

Die beiden Baumwollrechtecke an ihren 11 cm langen Seiten zusammennähen, dabei eine Öffnung zum späteren Wenden offen lassen. Auf jede Hälfte der Innenseite außen und entlang der Mittelnaht je einen der gewendeten Streifen aufsteppen, dabei die Gummibänder mittig mitfassen. Gummibänder an mehreren Stellen zu Schlingen abnähen, für Stifte und anderes.

Außenteil und fertiges Innenteil rechts auf rechts aufeinanderlegen. Mittig in die kurzen Nähte die Satin-Bindebänder dazwischenlegen. Zuerst die kurzen, dann die langen Seiten steppen. Die Ecken doppelt nähen und die Nahtzugabe bis zur Naht abschneiden.

Mäppchen durch die Öffnung in der Mittelnaht der Innenseite wenden. Öffnung mit der Hand zunähen. Nach Belieben Streifen mit Zierstichen aufsteppen.

Damit kommt der kleine Ritter durch die Welt

Steckenpferd

Schwierigkeitsgrad

◆◆

Größe

ca. 30 cm breit

Hoppe, hoppe, Reiter

MATERIAL

- 0,35 m Patchwork-Baumwollstoff
- 0,15 m dunkelblauer karierter Baumwollstoff
- 0,15 m hellblauer Baumwollstoff
- 2 dunkelblaue Knöpfe
- 1 Knäuel blaue Wolle
- Füllwatte
- 1,50 m Kordel
- Rundstab, 1 m lang

Zuschneiden:
Vorlagen „Steckenpferd" (Kopf, Ohr) um 250 % vergrößern und ausschneiden. Alle Stoffteile rundum mit 1 cm Nahtzugabe zuschneiden.
Kopf nach Vorlage in Patchworkstoff, zweimal gegengleich
Ohr nach Vorlage in Dunkelblau, zweimal, für die Ohr-Außenseite
Ohr nach Vorlage in Hellblau, zweimal, für die Ohr-Innenseite
Wollfäden in 25 cm lange Abschnitte schneiden

Nähen:
Für die Ohren jeweils den karierten und hellblauen Stoff rechts auf rechts aufeinanderlegen und entlang der Rundung steppen. Ohren durch die offene Unterkante wenden, bügeln, die Öffnung mit der Hand zunähen.

Die beiden Kopfteile rechts auf rechts aufeinanderlegen und entlang der äußeren Rundung steppen. Kopfteil wenden und fest mit Füllwatte ausstopfen.

Die Wollfäden für die Mähne in dichter Reihe nebeneinanderlegen und mit der Nähmaschine über die Mitte nähen.

Die Ohren und die Mähne mit der Hand auf den Kopf nähen. Zwei Knöpfe wie auf der Vorlage markiert als Augen aufnähen. Den Rundstab tief in die Öffnung schieben und die Halsöffnung von Hand zunähen. Die Kordel wie Zügel um den Pferdekopf binden.

Vorlage Steckenpferd

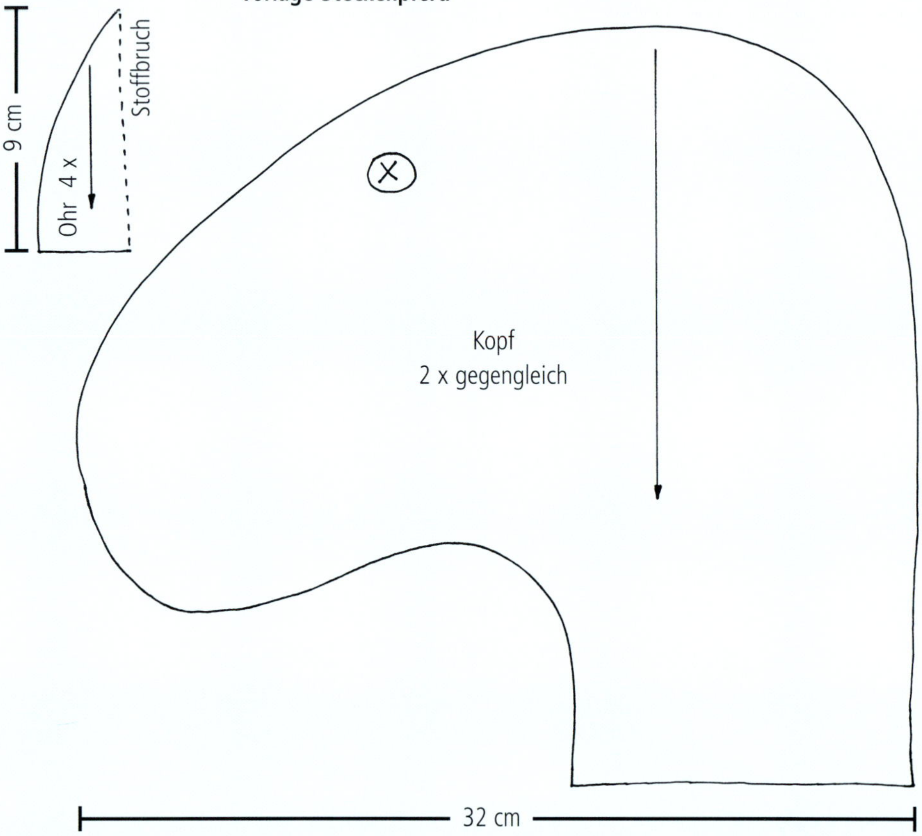

Prächtig und doch ungefährlich ist das Schwert

Krone

Schwierigkeitsgrad

◆◆

Größe

10 cm hoch

Schwert

Schwierigkeitsgrad

◆◆

Größe

40 cm lang

Vorlage Seite 57

Ritterspiele

Krone

MATERIAL

- 0,15 m dunkelblauer karierter Baumwollstoff
- 0,15 m hellblauer karierter Baumwollstoff
- 0,15 m aufbügelbares Volumenvlies
- 5 dunkelblaue Knöpfe
- 5 hellblaue Knöpfe
- 5 cm Klettband, 2 cm breit

Zuschneiden:
Abbildung „Krone" von unten mit den richtigen Maßen auf Papier zeichnen. Alle Stoffteile mit rundum 1 cm Nahtzugabe zuschneiden.
Krone nach Vorlage in Dunkelblau kariert, einmal, für die Außenseite
Krone nach Vorlage in Hellblau kariert, einmal, für die Innenseite
Krone nach Vorlage, aufbügelbares Volumenvlies, einmal, als Verstärkung

Nähen:
Das Volumenvlies auf den hellblauen Stoff linksseitig aufbügeln. Die Kronenteile rechts aufeinanderlegen und bis auf eine Wendeöffnung an einer Seite steppen.

Zum Wenden an den Kronenzacken die Spitzen der Nahtzugaben bis an die Naht abschneiden, an den Innenecken der Zacken die Nahtzugabe bis an die Naht einschneiden.

Die Krone wenden und die Öffnung mit der Hand zunähen. Die Krone bügeln. Die Samtseite des Klettbandes an der Innenseite der Krone an die kurze Kante nähen, die Häkchenseite an die Außenseite an die andere kurze Kante der Krone nähen.

Die Knöpfe auf die Zacken nähen. Die hellblauen Knöpfe auf die dunkelblaue Seite der Krone, die dunkelblauen auf die helle.

Schwert

MATERIAL

- 0,10 m hellblauer Baumwollstoff
- 0,25 m dunkelblauer groß karierter Baumwollstoff
- 0,10 m dunkelblauer klein karierter Baumwollstoff
- 2 dunkelblaue Knöpfe
- Füllwatte

Zuschneiden:
Vorlagen „Schwert" (Klinge, Quergriff, Griff) von Seite 57 durchpausen und ausschneiden. Alle Stoffteile mit rundum 1 cm Nahtzugabe zuschneiden.
Klinge nach Vorlage in Hellblau, zweimal im Stoffbruch
Quergriff nach Vorlage in Dunkelblau groß kariert, zweimal im Stoffbruch
Griff nach Vorlage in Dunkelblau klein kariert, zweimal im Stoffbruch

Nähen:
Griffteil quer auslegen, an die eine Seite mittig den kleineren Längsgriff nähen. An die andere Seite des Quergriffes mittig die Klinge ansetzen, so dass eine Schwertform entsteht. Zwei gleiche Schwertformen als Vorder- und Rückseite nähen.

Vorder- und Rückseite des Schwerts rechts auf rechts legen und an den Außenkanten zusammensteppen. Unterkante des kleineren Griffteils zum Wenden offen lassen. Die Ecken zur Verstärkung doppelt nähen, Nahtzugabe an den Ecken ab- und in den Winkeln bis zur Naht einschneiden. Das Schwert wenden und fest mit Füllwatte ausstopfen.

Die Öffnung mit der Hand zunähen. Beide Knöpfe an den Ansatz des Griffes aufsetzen.

Vorlage Krone

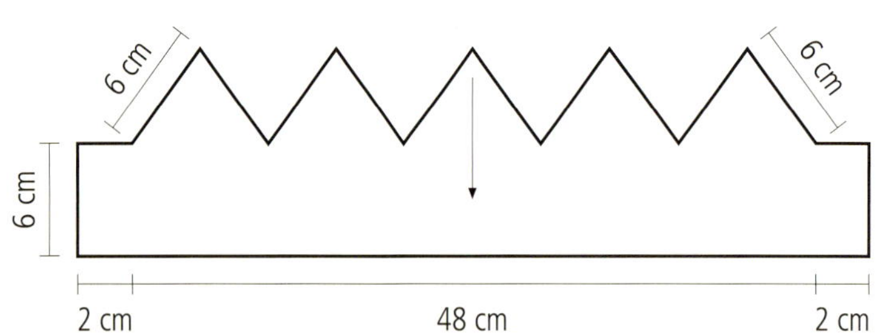

Junge Piraten auf großer Fahrt

Piratenschiff
Schwierigkeitsgrad

◆◆

Größe
40 cm
Schemazeichnung Seite 57

Schatztruhe
Schwierigkeitsgrad

◆

Größe
15 cm
Schemazeichnung Seite 57

Taler
Je zwei Kreise aus goldenem oder silbernem Karnevalsstoff rechts auf rechts zusammengenäht, gewendet und mit etwas Füllwatte gefüllt, ergeben die Taler für die Schatztruhe.

Große Schätze

Piratenschiff

MATERIAL

- 0,15 m orange karierter Baumwollstoff
- 0,10 m rot karierter Baumwollstoff
- 0,10 m rot gestreifter Baumwollstoff
- 0,20 m Stoff mit Motiv „Schatzkarte"
- 0,10 m Stoff mit Motiv „Piraten"
- Bastelwatte

Zuschneiden:
Vorlage „Schiffsrumpf" aus Papier herstellen.
Schiffsrumpf in Rot kariert, zweimal, mit 1 cm Nahtzugabe
5 x 30 cm in Orange kariert, zweimal, für die Reling
10 x 15 cm Schatzkartenstoff, einmal, als Besatzstoff für den Fensterrahmen
8 x 15 cm Piratenstoff, einmal (Motiv!)
16 x 16 cm Schatzkartenstoff, diagonal geteilt, für das Segel
10 x 40 cm in Rot gestreift, einmal, für den Mast

Nähen:
Segeldreiecke rechts auf rechts an der schrägen Seite und der Unterseite zusammennähen, wenden und bügeln. Für den Mast die Nahtzugaben an einer kurzen Seite und an den beiden langen Seiten nach links umbügeln. Mast links auf links zur Hälfte falten und knappkantig steppen, Segel dabei mitfassen.

Fensterrechteck von 6 x 12 cm auf die Rückseite des Besatzstoffes zeichnen. Den Stoff mit der rechten Seite nach unten auf die Vorderseite des Schiffsrumpfs legen. Mit kleinen Stichen entlang der Linie nähen, Ecken verstärken. Stoffe innerhalb des Rechtecks bis auf 1 cm ausschneiden. Nahtzugabe in den Ecken einschneiden. Besatzstoff durch die Öffnung nach hinten durchziehen, Kanten bügeln. Piratenmotiv von hinten gegen die Öffnung heften. Von rechts knappkantig feststeppen.

Jeweils den rot karierten Stoffstreifen der Reling und den Schiffsrumpf rechts auf rechts legen, entlang der Oberkante des Rumpfs steppen und die Nähte auseinanderbügeln. Rumpfteile rechts an den Außenkanten steppen, dabei an der Oberkante eine kleine Öffnung für den Mast lassen. Unterkante noch offen lassen. Den Mast fast bis zur Unterkante des Schiffes einziehen. Schiff und Mast mit Bastelwatte ausstopfen. Die Öffnung an der Unterkante und um den Mast herum mit der Hand zunähen.

Schatztruhe

MATERIAL

- 0,50 m Schatzkartenstoff
- 0,50 m Baumwollstoff
- 0,50 m Vlies
- 0,30 m Kordel

Zuschneiden:
Kreuzförmige Vorlage aus Papier herstellen.
Kreuzform in Schatzkartenstoff, einmal, für die Außenseite
12 x 6 cm Schatzkartenstoff, zweimal, für die Griffseiten
Fertig genähte Außenseite als „Zuschneideschablone" für Vlies und Futterstoff verwenden
Baumwollstoff, einmal, für das Futter
Vlies, einmal, zur Verstärkung
15 cm Kordel, zweimal, für die Griffe

Nähen:
Die Seitenteile rechts auf rechts an die schmalen Seiten der Kreuzform aus Schatzkartenstoff legen. Kordeln zu Griffen formen und in der Naht mitfassen.

Vlieskreuz und Futterstoff links auf links aufeinanderheften. Kurze Kanten von Schatzkartenstoff und verstärktem Futterstoff rechts auf rechts steppen. Die langen Kanten von Schatztruhenteil und Futterstoff zusammenheften und durchlaufend zusammennähen. In einer Naht des Futterstoffes eine Öffnung lassen. (Siehe auch Lehrgang Seiten 8 und 9). Wenden, Wendeöffnung schließen und Futter nach innen schieben.

Booty Way
Riches Notch
Skull Harbor
Cross Bone Cove

Wunderschöne Knöpfe zieren auch dieses praktische Utensil

Wäschebeutel

Schwierigkeitsgrad

◆◆

Größe

30 cm hoch

Ganz praktisch

MATERIAL

- 0,55 m roter groß karierter Baumwollstoff
- 0,10 m roter klein karierter Baumwollstoff
- 35 cm schmales Satinband
- 3 Knöpfe

Zuschneiden:

51 x 24 cm in Groß kariert, einmal, für den Beutel

58 x 24 cm in Groß kariert, einmal, für das Futter

8 x 24 cm in Klein kariert, zweimal, für die Oberkante

9 x 14 cm in Klein kariert, zweimal, für das Fenster

Satinband, einmal 15 cm und viermal 20 cm

Nähen:

Die drei Knöpfe auf das 15 cm lange Band auffädeln.

Auf eines der 9 x 14 cm großen Fensterstoffe ein 5 x 10 cm großes Rechteck zeichnen. Den Stoff rechts auf rechts auf die Vorderseite des Beutelteils stecken, mittig ausgerichtet und 1 cm unterhalb der Oberkante. Entlang der gezeichneten Linie mit kleinen Stichen steppen und die Ecken verstärkt nähen. Innerhalb des Rechtecks beide Stofflagen bis 1 cm Nahtzugabe an die Nählinie heran ausschneiden. Ecken der Nahtzugabe schräg bis an die Naht einschneiden.

Den oben liegenden Stoff durch die Öffnung nach hinten ziehen und die Kanten bügeln. Das zweite klein karierte Quadrat von hinten gegen die Öffnung heften und von der rechten Seite her knappkantig feststeppen, dabei in die Seitennähte das Band mit den Knöpfen mitfassen.

An beide kurzen Kanten des Beutelstoffes jeweils den 8 x 24 cm großen, klein karierten Streifen annähen und anschließend die Nähte auseinanderbügeln.

Beutelteil in der Mitte falten und die Seiten steppen. Futterteil ebenso in der Mitte falten und an den Seiten zunähen, dabei eine Öffnung in der Nahtmitte offen lassen.

Beutel- und Futterteil an den Oberkanten rechts auf rechts aufeinanderlegen. Je zwei der Satinbänder für die Schleifen in der Naht feststecken. Die Oberkanten steppen und die Schleifenbänder mitfassen.

Den Beutel durch die Öffnung in der Naht des Futterteils wenden, Futter in den Beutel hineinschieben. Beutel bügeln und anschließend die Oberkante mit Zierstichen nähen.

Schemazeichnung Zuschnitt:

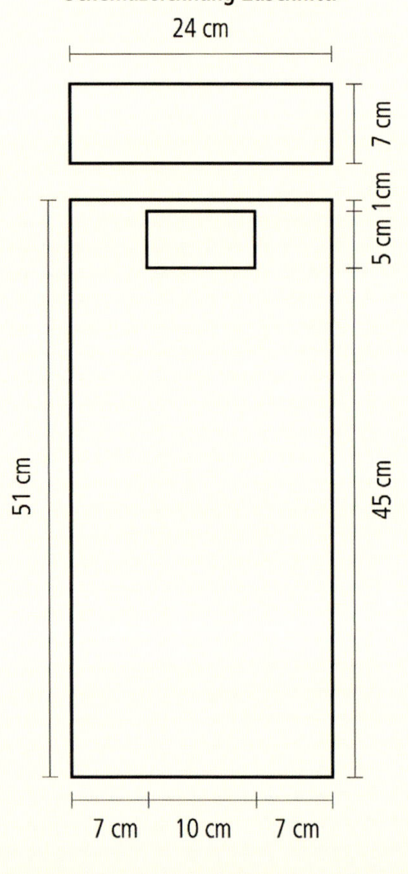

Fertiger Beutel:

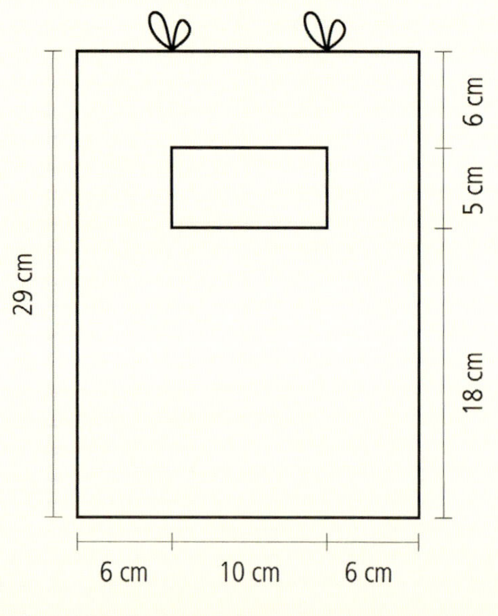

Achtung Anfänger – Platz gemacht

Fahrradtasche

Schwierigkeitsgrad

◆◆

Größe

46 cm lang

15 cm breit

Auf Tour

MATERIAL

- 0,50 m brauner Baumwollstoff
- 0,30 m grüner Baumwollstoff
- 8 weiße Knöpfe
- 4 hellblaue Haargummis
- Aida-Stickstramin
- Blaues Stickgarn

Für das Schild mit Namen:
2 weiße Knöpfe
blaues und grünes Stickgarn
blaues Satinbändchen 12 cm

Für das Schild mit Buchstaben:
Blaues, grünes und pinkfarbenes Stickgarn

Zuschneiden:
18 x 17 cm in Braun, zweimal, für das Vorderteil
17 x 17 cm in Braun, einmal, für das Vorderteil
49 x 17 cm in Braun, einmal, für das Rückenteil
28 x 17cm in Grün, zweimal, für die Außentaschen

Nähen:
Jeweils zwei Quadrate aus dem grünen Baumwollstoff links auf links zur Hälfte legen, bügeln und mit der Hand an der Oberkante mit Ziernähten entlang steppen.

Für das längliche Namenschild den gesamten Namen auf den Aida-Stickstramin sticken. Satinbändchen durch das Schild ziehen. Das Namenschild mit der Hand auf das eine grüne Quadrat mit Ziernähten steppen. Zwei Zierknöpfe aufnähen.

Für das quadratische Schild den Anfangsbuchstaben des Namens oder „A“ für „Anfänger“ auf den Aida-Stickstramin sticken. Schild auf eines der grünen Quadrate mit Ziernähten steppen.

Für das Basisteil die drei braunen Stoffstücke an ihren 17 cm langen Kanten aneinandernähen, dabei kommt das 17 x 17 cm große Quadrat in die Mitte. Bei dem länglichen Namensschild wird das Bändchen beim Nähen mitgefasst. Die zwei grünen Außentaschen jeweils auf die rechte Seite der kurzen Kanten des Basisteils heften.

Das Basisteil und das Rückenteil rechts auf rechts aufeinanderlegen und um alle Kanten steppen, dabei eine Wendeöffnung lassen.

Fahrradtasche wenden und die Öffnung mit der Hand zunähen. Einmal knappkantig um die gesamte Außenkante steppen. An alle vier Ecken, auf Vorderseite und Rückseite der Tasche jeweils einen Knopf aufnähen. Haargummis an den vier Knöpfen der Rückseite festnähen.

Die Fahrradtasche wird mit den Haargummis festgemacht. Haargummi um die Eisenstreben am Hinterrad legen und an den Knöpfen der Vorderseite befestigen.

TIPP

Die Namen mit Kreuzstich auf Aida-Stramin sticken oder auf normalem Stoff mit einer automatischen Nähmaschine herstellen.

PAUL

Nicht nur zur Osterzeit ist in diesem Beutel die Brotzeit gut aufbewahrt

Hasenrucksack

Schwierigkeitsgrad

◆◆◆

Größe

33 cm hoch

Applikationsvorlage Seite 59

Gute Reise!

MATERIAL

- 0,40 m grün-blau gestreifter Stoff
- 0,40 m lila Stoff
- 0,60 m grünes Satinband
- 0,20 m Vliesofix®
- blaues Stickgarn
- 12 Ösen und Ösenzange

Zuschneiden:
Applikationsvorlage für den Hasen auf Seite 59 vergrößern und aus Papier ausschneiden
Hasenmotiv in Lila, einmal, mit 1 cm Nahtzugabe
29 x 35 cm in Grün-blau gestreift, zweimal, für die Außenseite
29 x 35 cm in Lila, zweimal, für das Futter
10 x 40 cm in Grün-blau gestreift, zweimal, für die Träger
10 cm Satinband für die Schleife
50 cm Satinband für den Rucksackverschluss

Nähen:
Die Hasenform mittig auf eines der 29 x 35 cm großen Rechtecke aus dem grün-blau gestreiften Stoff applizieren.

Trägerstreifen rechts auf rechts der Länge nach zur Hälfte falten und entlang der Längskanten steppen. Beide Träger wenden und bügeln.

Vorderes und hinteres Rucksackteil rechts auf rechts aufeinanderlegen. Die seitlichen und unteren Kanten aufeinandersteppen. Dabei je einen Träger 3 cm von der Ecke entfernt in der Unterkante mitfassen. Nähte auseinanderbügeln.

Vorderes und hinteres Rucksackteil rechts auf rechts aufeinanderlegen. Die seitlichen und unteren Kanten aufeinandersteppen. Dabei je einen Träger 3 cm von der Ecke entfernt in der Unterkante mitfassen. Nähte auseinanderbügeln.

Lila Futterteile ebenfalls rechts auf rechts aufeinanderlegen, die seitlichen und unteren Kanten aufeinandersteppen dabei an einer Seite eine Öffnung in der Naht lassen. Nähte auseinanderbügeln.

Die beiden Taschenteile rechts auf rechts ineinanderschieben und die Oberkanten aufeinandersteppen. Dabei werden in der Mitte des rückwärtigen Rucksackteils die oberen Enden der Träger dazwischengefasst. Rucksack durch die Öffnung wenden und bügeln. Wendeöffnung mit der Hand zunähen.

Gesicht und Konturen des Hasen mit Stickgarn aufnähen. Aus dem kürzeren Satinband eine Schleife formen und aufnähen. Die zwölf Ösen 2 cm unterhalb der Oberkante in gleichen Abständen anbringen. Das lange Satinband als Verschlussband durch die Ösen ziehen.

TIPP

Sehr beliebt sind auch Rucksäcke aus Jeansstoff. Die ausrangierte Hose eines Erwachsenen reicht in der Regel dafür aus. Verwenden Sie die oberen Teile der Hosenbeine. Die Jeans-Seitennähte stören nicht. Nähen Sie die Oberkante eines Jeansrucksacks aus normalem Baumwollstoff, um die Ösen leichter eindrücken zu können. Eine Oberkante in Kontrastfarbe sieht sehr schön aus.

Auch als Versteck für kleine Schätze gut geeignet

Ordnung garantiert

MATERIAL

- 0,50 m Baumwollstoff mit Blumen
- 0,40 m rot karierter Baumwollstoff
- 1 m weißes Geschenkband, 2 cm breit
- 6 weiße Knöpfe
- weißer Zwirn
- Dekorbügel aus Draht

Zuschneiden:
40 x 29 cm Blumenstoff, zweimal, für Vorder- und Rückseite
35 x 29 cm rotkariert, einmal, für die große Tasche
18 x 29 cm Blumenstoff, einmal, für die unteren Außentaschen
Geschenkband 50 cm, zweimal

Nähen:
Den Blumenstoff für die untere Außentasche an der langen Kante zweimal nach links umschlagen und steppen. Den rotkarierten Stoff an einer 29 cm langen Kante ebenfalls zweimal nach links umschlagen und steppen.

Danach die Außentaschen links auf die vordere Unterkante des karierten Stoffs legen und 10 cm vom linken Rand entfernt längs durchsteppen, um zwei Taschen zu bilden. Oberhalb der Außentaschen auf dem karierten Stoff die Knöpfe in Paaren aufnähen und nach Belieben Stickstiche anbringen. Taschenteil an den Unterkanten und den Seiten auf die rechte Seite des 40 x 29 cm großen Blumenstoffes für die Vorderseite stecken.

Das gesteckte Taschenvorderteil und die andere Rückseite aus Blumenstoff rechts auf rechts aufeinanderlegen und rundum zusammennähen, dabei an einer Seite eine Wendeöffnung lassen. Die beiden jeweils quer zur Hälfte gefalteten Bänder werden dabei in der Oberkante mitgefasst.

Die Utensilientasche wenden und die Öffnung mit der Hand zunähen. Die Utensilientasche mit den Schleifen an den Dekorbügel binden und zusätzlich die Ecken mit weißem Zwirn festnähen.

Utensilientasche

Schwierigkeitsgrad

◆

Größe

40 x 30 cm

TIPP

Wenn Sie noch mehr Taschen benötigen, können Sie auf halber Höhe eine mittlere Taschenreihe aufnähen und mit Knöpfen oder Zierstichen schmücken.
Die hübschen Dekorkleiderbügel gibt es in Geschenk- und Bastelläden.

Ida Bohatta

Manchmal muss es einfach Rosa sein

Puppenset in Rosa

Schwierigkeitsgrad

◆◆

Größe

Kleid 26 x 32 cm
Strumpfhose 20 x 20 cm
Mütze 15 x 15 cm
Schal 50 cm
Vorlagen Seite 58

Rosarote Welt

MATERIAL

- 0,70 m rosa Fleecestoff
- 0,30 m roter Fleecestoff
- Gummiband 0,6 cm breit, Länge je nach Bauchumfang der Puppe

Zuschneiden:
Vorlagen „Kleid" und „Strumpfhose" von Seite 58 vergrößern und ausschneiden.
Kleiderschnitt an der Schulter noch einmal ansetzen (Abbildung unten).

Kleid nach Vorlage in Rosa, einmal im Stoffbruch, ohne Nahtzugabe
Strumpfhose nach Vorlage in Rot, zweimal im Stoffbruch, mit 1 cm Nahtzugabe
10 x 18 cm in Rosa, zweimal, für das Mützenteil
12 x 18 cm in Rot, zweimal, für die Mützenkante
15 x 65 cm in Rot, einmal, für den Schal

Nähen:
Das Kleid rechts auf rechts entlang der Schulterlinie falten und an den Seiten zusammennähen. Halsausschnitt und Ärmelenden mit Zickzackstich versäubern, einmal umschlagen und steppen. Unteren Saum des Kleides zweimal umschlagen, heften und steppen.

Für die Mütze jeweils einen rosa und einen roten Streifen an der Längskante zusammennähen. Beide Mützenteile rechts auf rechts aufeinanderlegen und an den Seiten steppen. Obere Öffnung der Mütze zusammennähen. Dann den roten Streifen der Mützenkante bis zur Stepplinie nach innen ziehen und dort festnähen.

Die beiden Teile der Strumpfhose rechts auf rechts aufeinanderlegen und bis auf die Oberkante rundum zusammennähen. Die Oberkante zweimal nach links umschlagen und bis auf eine Öffnung für das Gummiband steppen. Gummiband einziehen und die Öffnung mit der Hand zunähen.

Für den Schal, den Streifen rechts auf rechts der Länge nach zur Hälfte falten. An einer kurzen und einer langen Seite steppen. Schal wenden und das offene Ende mit der Hand zunähen.

Alle Teile vorsichtig bügeln.

Kleiderschnitt ansetzen:

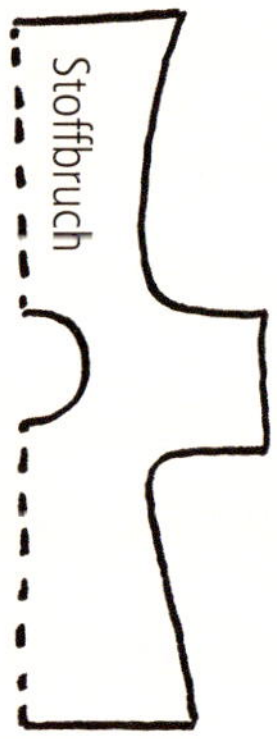

TIPP

Auf dem Vorlagenbogen ist nur ein Viertel des Kleides abgebildet. Beim Übertragen auf Stoff legen Sie den Schnitt entlang der Schulterlinie erneut an. Legen Sie den Schnitt auf den Stoffbruch, übertragen Sie die Konturen und schneiden Sie das Kleid als ein einziges Stoffstück aus, wie abgebildet. So brauchen Sie nur die Seitennähte zu schließen.

Eine warme Ausgehgarnitur mit Hasen-Charme

Natur pur

Puppenset in Braun

Schwierigkeitsgrad

◆◆

Größe

Kleid 26 x 30 cm

Strumpfhose 20 x 20 cm

Mütze 15 x 15 cm

Schal 50 cm

Vorlagen Seite 58

MATERIAL

- 0,70 m brauner Nickistoff
- 0,30 m weißer Nickistoff
- 2 Zierknöpfe in Häschenform
- Gummiband 0,6 cm breit, Länge je nach Bauchumfang der Puppe

Zuschneiden:
Vorlagen „Kleid" und „Strumpfhose" von Seite 58 vergrößern und ausschneiden. Kleiderschnitt an der Schulter noch einmal ansetzen (Abbildung unten).

Kleid nach Vorlage in Braun, einmal im Stoffbruch, ohne Nahtzugabe
Strumpfhose nach Vorlage in Weiß, zweimal im Stoffbruch, mit 1 cm Nahtzugabe
10 x 18 cm in Weiß, zweimal, für das Mützenteil
12 x 18 cm in Braun, zweimal, für die Mützenkante
15 x 65 cm in Weiß, einmal, für den Schal

Nähen:
Das Kleid rechts auf rechts entlang der Schulterlinie falten und an den Seiten zusammennähen. Halsausschnitt und Ärmelenden mit Zickzackstich versäubern, einmal umschlagen und steppen. Unteren Saum des Kleids zweimal umschlagen, heften und steppen.

Für die Mütze jeweils einen weißen und einen braunen Streifen an der Längskante zusammennähen. Beide Mützenteile rechts auf rechts aufeinanderlegen und an den Seiten steppen. Die obere Öffnung der Mütze zusammennähen. Den braunen Streifen der Mützenkante bis zur Stepplinie nach innen ziehen und dort festnähen.

Die beiden Teile der Strumpfhose rechts auf rechts aufeinanderlegen und bis auf die Oberkante rundum zusammennähen. Die Oberkante zweimal nach links umschlagen und bis auf eine Öffnung für das Gummiband steppen. Gummiband einziehen und die Öffnung mit der Hand zunähen.

Für den Schal, den Streifen rechts auf rechts der Länge nach zur Hälfte falten. An einer kurzen und einer langen Seite steppen. Schal wenden und das offene Ende mit der Hand zunähen.

Die Knöpfe mit der Hand aufnähen. Alle Teile vorsichtig bügeln.

Kleiderschnitt ansetzen:

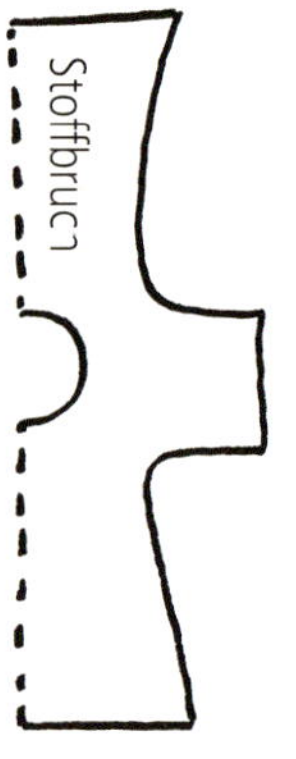

TIPP

Nickistoff ist relativ teuer und auch etwas schwierig zu verarbeiten. Sie können stattdessen aus leichtem Jerseystoff ein hübsches Sommerkleid für die Puppe nähen. Der Schal wird dabei zum Gürtel.

Ruhe sanft in Rosen gebettet

Puppentragetasche

Schwierigkeitsgrad

◆◆◆

Größe

48 x 30 cm

Puppennachthemd

Schwierigkeitsgrad

◆◆

Größe

24 x 28 cm

Vorlage Seite 58

TIPP

Nach den Vorlagen für die Tasche (ohne Henkel) lässt sich aus hübschem Baumwollstoff das passende Bettzeug nähen. Stoffe dafür rundum ca. 2 – 3 cm kleiner zuschneiden.

Nostalgisch schön

Puppentragetasche

MATERIAL

- 1,0 m Kunstleder
- 0,85 m Volumenvlies
- Füllwatte

Zuschneiden:
Vorlage nach den unten angegebenen Maßen aus Papier herstellen.
Tasche nach Vorlage in Kunstleder, zweimal, mit 1 cm Nahtzugabe
Vlies nach Vorlage einmal, ohne Nahtzugabe
40 x 12 cm Kunstleder, zweimal, für die Tragegriffe

Nähen:
Die Streifen für die Tragegriffe rechts auf rechts der Länge nach zur Hälfte falten und an den langen Seiten steppen. Tragegriffe wenden und mit etwas Füllwatte ausstopfen.

Die beiden Taschenformen rechts auf rechts aufeinanderlegen und bis auf die Unterkante steppen, die oberen Enden der Henkel werden an den runden Seiten mitgefasst. Orientieren Sie sich am Foto der Tragetasche. Die Nahtzugaben an den Rundungen vorsichtig einschneiden und die Tasche wenden. Das Vlies in das Tascheninnere einschieben. Die Unterkante der Tasche nach innen umschlagen und knappkantig steppen.

Die Unterkante der Tasche bis zur Markierung nach oben schlagen und die Seiten mit der Hand im Knopflochstich annähen, die unteren Enden der Henkel werden dabei zwischen die Lagen geschoben und mitgefasst.

Nachthemd

MATERIAL

- 0,35 m weißer Stoff mit Spitzenkante
- 30 cm pinkfarbenes, schmales Satinband
- 30 cm weißes Satinband, 3 cm breit

Zuschneiden:
Vorlage „Nachthemd" von Seite 58 vergrößern und ausschneiden. Kleiderschnitt an den Schultern noch einmal ansetzen (siehe auch Seiten 35/39)

Nachthemd nach Vorlage in Spitzenstoff, zweimal im Stoffbruch, ohne Nahtzugabe
9 x 30 cm in Weiß mit Spitzenkante, einmal, für das Häubchen
15 cm weißes Satinband, zweimal, für die Schleife des Häubchens

Nähen:
Das Nachthemd rechts auf rechts entlang der Schulterlinie falten und an den Seiten zusammennähen. Halsausschnitt und Ärmelenden zweimal umschlagen. Die Stoffkante des Halsausschnittes mit der Nähmaschine, die Kanten der Ärmel mit der Hand versäubern. In den umgeschlagenen Stoff des Halsausschnittes mittig an der Vorderseite einen kleinen Schnitt anbringen und pinkfarbenes Satinband einziehen. Unteren Saum des Nachthemds zweimal umschlagen und mit der Nähmaschine steppen.

Für das Häubchen das Stoffstück mit Spitzenkante an einer langen Seite zweimal umschlagen und steppen. Die Spitze liegt entlang der anderen langen Seite. An den kurzen Seiten den Stoff zweimal umschlagen, an jede Seite ein Stück des breiten Satinbandes annähen und hinter dem Kopf der Puppe binden.

Schemazeichnung:

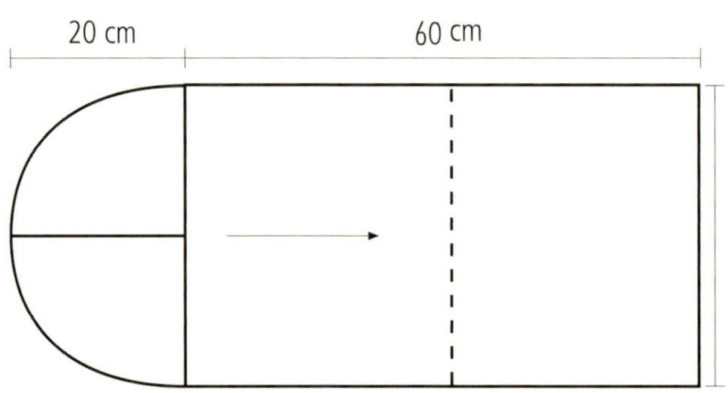

Wau-wau

Hund

Schwierigkeitsgrad

◆◆

Größe

25 cm hoch

Vorlagen Seite 59

MATERIAL

- 0,25 m weiß-blau karierter Baumwollstoff
- 0,15 m bunter Baumwollstoff
- 0,20 m pink-rosa karierter Baumwollstoff
- Füllwatte
- rosa Stickgarn
- 2 Knöpfe

Zuschneiden:

Vorlagen „Hund" (Körper, Ohr, Bein) auf Seite 59 vergrößern und ausschneiden. Alle Stoffteile mit 1 cm Nahtzugabe zuschneiden.
Körper in Weiß-blau kariert, zweimal
Ohr in Bunt, zweimal, im Stoffbruch
Bein in Pink-weiß kariert, achtmal
6 x 15 cm in Pink-weiß kariert, einmal, für die Schleife

Nähen:

Jedes Ohrenteil am Stoffbruch rechts auf rechts aufeinanderfalten und bis auf eine kleine Öffnung rundum zusammensteppen. Die Ohren durch die Öffnung wenden. Öffnung mit der Hand zunähen. Bügeln.

Je zwei Beinteile rechts auf rechts entlang der äußeren Rundung steppen. Beine durch die offene Unterkante wenden, bügeln und mit Füllwatte ausstopfen. Die Öffnungen zusammennähen.

Beide Körperteile rechts auf rechts bis auf eine kleine Öffnung auf dem Kopf steppen. Nahtzugaben an den Rundungen vorsichtig einschneiden. Den Körper durch die Öffnung wenden, mit Füllwatte ausstopfen und die Öffnung mit der Hand zusammennähen. Beine und Ohren mit der Hand an den Körper nähen.

Für die Schleife den Streifen der Länge nach rechts auf rechts falten und an der Längskante schließen. Wenden, bügeln und zu einer Schleife falten. Mit rosa Garn am Hinterteil des Hundes befestigen. Knöpfe als Augen aufnähen. Schnauze mit rosa Garn sticken.

Tö-rö

MATERIAL

- 0,25 m weiß-blau karierter Baumwollstoff
- 0,25 m bunter Baumwollstoff
- 0,15 m pink-rosa gestreifter Baumwollstoff
- Füllwatte
- pinkfarbenes Stickgarn

Zuschneiden:
Vorlagen „Elefant" (Körper, Kopf, Ohr) von Seite 60 vergrößern und ausschneiden. Alle Stoffteile mit rundum 1 cm Nahtzugabe zuschneiden.
Körper nach Vorlage in Blau kariert, zweimal
Kopf nach Vorlage in Bunt, zweimal
Ohren nach Vorlage in Pink-weiß gestreift, viermal

Nähen:
Je zwei Ohrenteile rechts auf rechts aufeinanderlegen und entlang der äußeren Rundung steppen. Die Ohren wenden. Die Öffnung mit der Hand zunähen und die Ohren bügeln.

Je ein Kopf- und Körperteil rechts auf rechts aufeinanderlegen, aneinandersteppen, die Ohren dabei mitfassen. Nähte auseinanderbügeln. Die beiden zusammengesetzten Körper rechts auf rechts aufeinanderlegen und steppen. Dabei am hinteren Bein eine Wendeöffnung lassen. Die Nahtzugaben an den Rundungen vorsichtig einschneiden.

Den Körper durch die Öffnung wenden, mit Füllwatte ausstopfen und die Öffnung mit der Hand schließen. Anschließend die Augen mit pinkfarbenem Stickgarn nähen.

Elefant

Schwierigkeitsgrad

◆

Größe
23 cm hoch
Vorlagen Seite 60

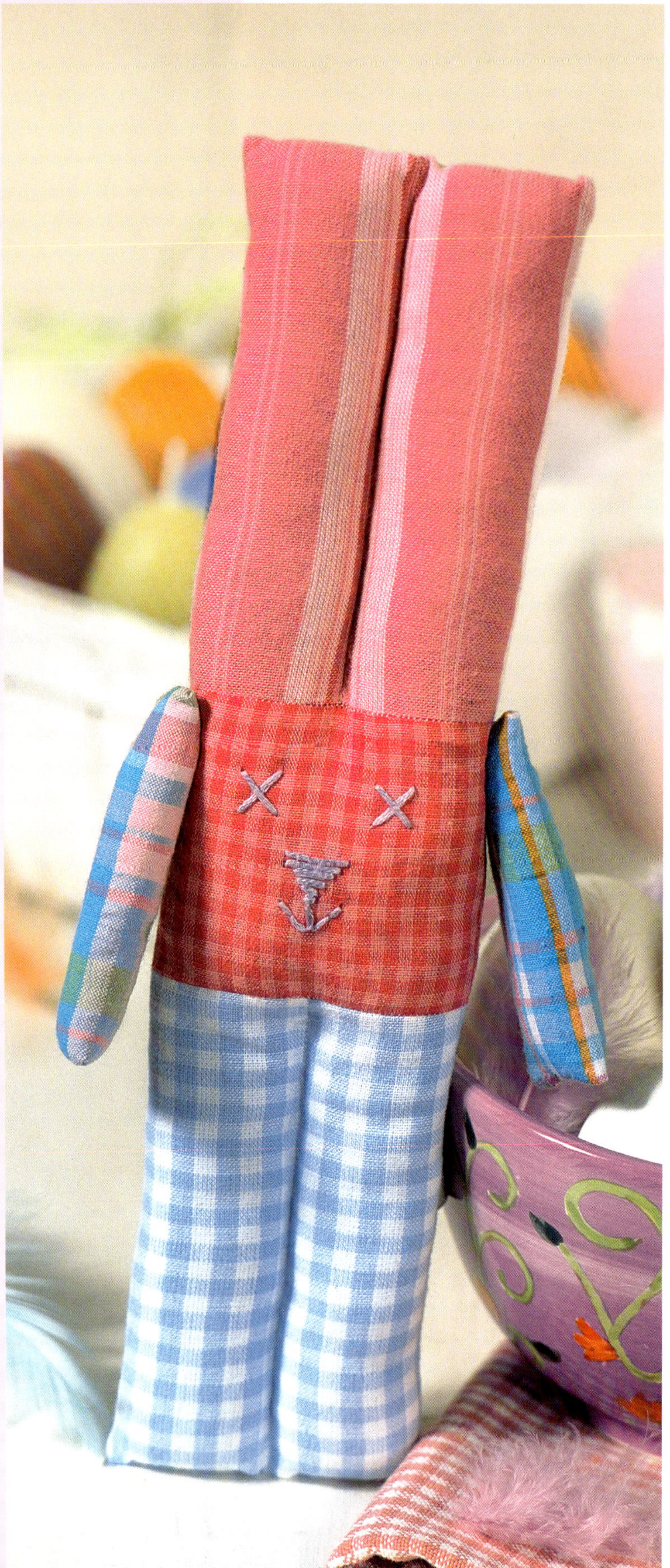

Hoppelhase

Hase

Schwierigkeitsgrad

◆

Größe

24 cm hoch

MATERIAL

- 0,10 m weiß-blau karierter Baumwollstoff
- 0,10 m pink-rosa gestreifter Baumwollstoff
- 0,10 m pink-rosa gestreifter Baumwollstoff
- 0,10 m bunter Baumwollstoff
- Füllwatte
- pinkfarbenes Stickgarn

Zuschneiden:

8 x 20 cm in Weiß-blau, einmal, für die Beine
8 x 20 cm in Pink-weiß gestreift, einmal, für die Ohren
7 x 8 cm in Pink-weiß gestreift, zweimal, für den Körper
8 x 6 cm in Bunt, zweimal, für die Arme

Nähen:

Den Streifen für die Ohren und den für die Beine jeweils an ihren 8 cm breiten Enden an ein Körperteil nähen, so dass sich ein Ring bildet. An einer der Nähte eine Wendeöffnung lassen. Den Ring rechts auf rechts falten, die Ober- und Unterkante entspricht der mittleren Querteilung von Ohren und Beinen, die beiden Körperteile liegen aufeinander. Nun die Seiten steppen.

Den Körper wenden, mit Füllwatte stopfen und die Wendeöffnung mit der Hand zunähen. Die Teilungslinie der Beine und der Ohren bis zum Körperteil mittig mit der Nähmaschine abnähen.

Die Streifen für die Arme rechts auf rechts der Länge nach falten, an den kurzen und der langen Kante steppen, dabei eine Wendeöffnung lassen. Arme wenden und mit Füllwatte ausstopfen. Öffnung mit der Hand zunähen. Augen und Schnauze mit pinkfarbenem Stickgarn aufnähen.

Langhals

Giraffe

Schwierigkeitsgrad

◆◆

Größe

36 cm hoch

Vorlagen Seite 60

MATERIAL

- 0,45 m pink gestreifter Baumwollstoff
- 0,10 m bunt karierter Baumwollstoff
- Füllwatte
- pinkfarbenes Stickgarn
- grünes Stickgarn

Zuschneiden:

Vorlagen „Giraffe" (Körper, Ohr) von Seite 60 vergrößern und ausschneiden. Alle Stoffteile mit rundum 1 cm Nahtzugabe zuschneiden.

Körper nach Vorlage in Pink gestreift, zweimal
Ohr nach Vorlage in Bunt, viermal

Nähen:

Jeweils zwei Ohrenteile rechts auf rechts aufeinanderlegen und bis auf eine kleine Wendeöffnung an der äußeren Rundung steppen. Nahtzugaben einschneiden und die Ohren wenden. Öffnung mit der Hand zunähen und die Ohren bügeln.

Die beiden Körperteile rechts auf rechts aufeinanderlegen und bis auf eine kleine Wendeöffnung entlang der äußeren Rundung steppen. Die Nahtzugaben an den Rundungen bis zur Nahtlinie vorsichtig einschneiden. Körper wenden und mit Füllwatte ausstopfen. Wendeöffnung mit der Hand zusammennähen.

Die Ohren an den Kopf der Giraffe nähen. Augen mit grünem Garn sticken. Aus dem pinkfarbenen Garn eine Quaste binden und als Schwanz annähen.

Einfach herzig – Spielspaß für die ganz Kleinen

Babyspielzeug

Schwierigkeitsgrad

◆◆

Größen

Herz: 12 cm

Ball: 10 cm

Würfel: 8 cm

Vorlagen Seite 61

Spielzeugbeutel

Schwierigkeitsgrad

◆

Größe

ca. 20 x 20 cm

Spielvergnügen

Herz, Ball und Würfel

MATERIAL

- Stoff in verschiedenen Farben
- Füllwatte

HERZ

Zuschneiden:

Vorlagen „Herz" (groß und klein) von Seite 61 unterschiedlich vergrößern und ausschneiden. Alle Stoffteile mit rundum 1 cm Nahtzugabe zuschneiden.

Herzen nach Vorlage, zweimal, je Farbe.

Nähen:

Die Herzformen rechts auf rechts aufeinanderlegen und bis auf eine kleine Wendeöffnung steppen. Herzen wenden und mit Füllwatte ausstopfen. Wendeöffnung mit der Hand zunähen.

BALL

Zuschneiden:

Vorlage „Ball" von Seite 61 durchpausen und ausschneiden. Alle Stoffteile mit rundum 1 cm Nahtzugabe zuschneiden.

Ballsegment nach Vorlage, viermal, verschiedene Farben

Nähen:

Die vier Ballsegmente an den runden Kanten rechts auf rechts steppen, dabei eine kleine Wendeöffnung lassen. Ball wenden und mit Füllwatte ausstopfen. Wendeöffnung mit der Hand zunähen.

WÜRFEL

Zuschneiden:

12 x 12 cm, sechsmal, verschiedene Farben

Nähen:

Quadrate rechts auf rechts in Würfelform aneinandernähen, bis auf eine kleine Wendeöffnung steppen. Würfel wenden und mit Füllwatte ausstopfen. Wendeöffnung mit der Hand zunähen.

Spielzeugbeutel

MATERIAL

- 0,60 m bunter Baumwollstoff
- 0,60 m blauer Baumwollstoff

Zuschneiden:

Kreuzförmige Vorlage in gewünschter Größe aus Papier herstellen.

Kreuzform nach Vorlage in Bunt, einmal, für die Innenseite

Kreuzform nach Vorlage in Blau, einmal, für die Außenseite

Nähen:

Die zwei Kreuzformen rechts auf rechts aufeinanderlegen. Die kurzen äußeren Kanten steppen. Jeweils die zwei innen liegenden Seiten sowohl an dem Taschenteil als auch an dem Futterstoff zusammenheften, bis auf eine Wendeöffnung am Futterteil durchlaufend zusammennähen. (Siehe auch Lehrgang Seite 8–9).

Taschenteil durch die Öffnung wenden, das Innenteil in das Taschenteil einschieben und Oberkante nach außen falten.

TIPP

Legen Sie die Größe des Spielzeugbeutels selbst fest. Dafür die kreuzförmige Vorlage aus Papier entsprechend herstellen.

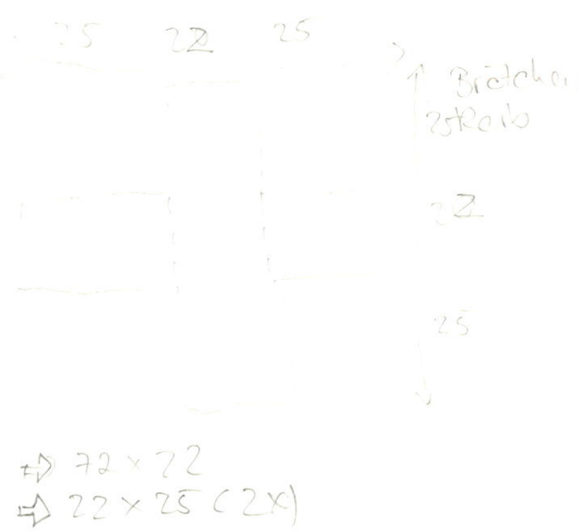

Lasst Blumen sprechen – schöne Geschenke für den Kindergeburtstag

Bilderrahmen
Schwierigkeitsgrad

◆◆

Größe

20 x 18 cm

Schmuckdose
Schwierigkeitsgrad

◆◆◆

Größe

8 x 8 x 10 cm

TIPP

Den Bezug für andere Dosengrößen entsprechend anpassen

Flower Power

Bilderrahmen

MATERIAL

- 0,25 m grüner Baumwollstoff
- 1 m grünes Band
- blaue Filzblume
- beziehbarer Knopf, 3 cm Durchmesser
- etwas Stoff für den Knopf
- Karton
- Foto

Zuschneiden:
23 x 20 cm in Grün, viermal (zweimal Fensterseite, zweimal Rückseite)
15 cm grünes Band, viermal für die Schleifen
8 cm grünes Band, zweimal für die Aufhängung

Nähen:
Die zwei kurzen Bänder quer zur Hälfte falten und mit einigen Stichen an den Bänderenden zusammennähen.

Für den Fensterausschnitt zwei der grünen Rechtecke rechts auf rechts legen. Auf den oben liegenden Stoff mittig ein 11 x 8 cm großes Rechteck zeichnen. Entlang der gezeichneten Linie mit kleinen Stichen steppen, dabei die Ecken verstärkt nähen. Innerhalb des Rechtecks beide Stoffe bis auf 1 cm Nahtzugabe ausschneiden. Die Ecken der Nahtzugabe bis zur Stepplinie schräg einschneiden. Oben liegenden Stoff durch die Öffnung nach hinten durchziehen und die Kanten bügeln.

Die Oberkante des Fensterteils 1 cm weit nach innen umschlagen und knappkantig steppen, dabei ca. 4 cm von den Ecken entfernt je eines der langen Bindebänder mitfassen. Die Seiten und die Unterkanten nach innen falten und feststecken.

Die beiden grünen Rechtecke für die Rückseite rechts auf rechts aufeinanderlegen, steppen, dabei eine Wendeöffnung lassen. Die anderen langen Bindebänder werden dabei in der Oberkante mitgefasst, wie die Bänder der Fensterseite. Das Rechteck wenden und bügeln.

Das Fensterteil mit den festgesteckten Außenkanten und das gewendete Rückteil aufeinanderlegen und an den Seiten und an der Unterkante aufeinandersteppen.

Einen Karton für die Innenseite des Rahmens zurechtschneiden und das Foto auf den Karton kleben. Den Karton von oben in den Bilderrahmen schieben.

Filzblume auf die rechte untere Ecke des Bilderrahmens kleben. Knopf mit Stoff überziehen und in die Mitte der Blume nähen.

Schmuckdose

MATERIAL

- 0,45 m gelber Stoff
- pinkfarbene Filzblume
- gelbfarbener Knopf
- quadratische Dose mit Deckel, im Maß 8,5 x 8,5 cm Grundfläche
- Klebstoff

Zuschneiden:
Das Maß für den Bezug errechnet sich aus der Kantenlänge der Grundfläche plus 2 cm Nahtzugabe. Seitenflächen in Höhe der Schachtel plus 1 cm Nahtzugabe. Kreuzförmige Vorlage aus Papier zuschneiden.
Kreuz nach Vorlage in Gelb, zweimal, für die Dose (einmal Futter, einmal Außenseite)
Kreuz nach Vorlage in Gelb, zweimal, für den Deckel (einmal Futter, einmal Außenseite)

Nähen:
Kreuzformen für Außenseite und Futter rechts auf rechts legen und die kurzen Kanten zusammennähen. Die seitlichen Öffnungen von Futterstoff und Außenseite durchlaufend schließen, dabei in einer der Nähte eine Wendeöffnung lassen. (Siehe Lehrgang auf den Seiten 8 und 9).

Den Bezug wenden und Wendeöffnung von Hand schließen. Futterstoff in die Außenseite schieben. Die Dose vorsichtig in den Bezug schieben. Überstehenden Stoff um die Kanten nach innen falten und in der Doseninnenseite festkleben.

Bei dem Deckel auf die gleiche Art und Weise vorgehen. Filzblume und Knopf aufkleben.

Mit diesen Traumkissen wird Einschlafen zum Kinderspiel

Schlafmütze

Schwierigkeitsgrad

◆◆◆

Größe

27 cm hoch

Vorlage Seite 59

Träume süß

MATERIAL

- 0,20 m blauer, klein karierter Baumwollstoff
- Baumwollstoff in Blau, Weiß und Bunt
- Aida Stickstramin
- blaues Stickgarn
- Füllwatte
- Volumenvlies

Zuschneiden:
Vorlagen „Schlafmütze" (Gesamtkörper, Arme, Bodenplatte) von Seite 59 vergrößern und ausschneiden. Alle Stoffteile mit rundum 1 cm Nahtzugabe zuschneiden.
Vorlage für die Körpervorderseite an Ober- und Unterkante des Gesichts auseinanderschneiden. Auch an diesen Schnittkanten 1 cm Nahtzugabe Stoff zugeben. Die zerteilte Vorlage kann anschließend mit Klebestreifen wieder zusammengesetzt werden.

Gesamtkörper nach Vorlage in Blau, zweimal, für die Rückseite
Gesicht nach geteilter Vorlage in Aida-Stickstramin, einmal
Oberer Teil des Körpers nach geteilter Vorlage in Blau, einmal
Unterer Teil des Körpers nach geteilter Vorlage in Blau, einmal

Bodenplatte nach Vorlage in Blau, einmal
10 x 7 cm in Blau, zweimal, für die Arme
10 x 4 cm in Weiß, zweimal, für die Hände
17 x 12 cm in Weiß, zweimal, für die Bettdecke
9 x 7 cm, in Weiß, zweimal, für das Kopfkissen
15 x 10 cm Volumenvlies, einmal, für die Bettdecke
7 x 5 cm Volumenvlies, einmal, für das Kopfkissen

Nähen:
Gesicht aus Aida-Stickstramin mit dem oberen und unteren Körperteil aus blauem Stoff nach geteilter Vorlage zum vorderen Körperteil zusammensetzen.
Zwei Gesamtkörperteile rechts auf rechts aufeinanderlegen und an einer langen Kante steppen. Das zusammengesetzte, vordere Körperteil rechts auf rechts zwischen die anderen beiden langen Kanten des rückwärtigen Körperteils steppen.

Die Bodenplatte in die untere Öffnung des Körpers stecken und steppen, dabei eine kleine Wendeöffnung lassen. Körper wenden und mit Füllwatte ausstopfen. Die Wendeöffnung mit der Hand zunähen.

Jeweils einen weißen und einen blauen Stoff für die Hände und Arme an den 10 cm langen Kanten zusammennähen. (Siehe auch Arm-Vorlage Seite 59) Die Teile längs rechts auf rechts zur Hälfte falten und bis auf eine Wendeöffnung steppen. Arme wenden und ausstopfen. Die Wendeöffnung mit der Hand zunähen.

Die Stoffe für die Bettdecke und das Kopfkissen rechts auf rechts aufeinanderlegen und bis zur Unterkante steppen. Teile wenden und die zugeschnittenen Vliesformen in die Bettdecke bzw. in das Kopfkissen hineinschieben. Die Öffnungen jeweils mit der Hand zunähen.

Arme, Decke und Kopfkissen mit der Hand an die Figur nähen. Augen, Nase und Mund mit dem blauen Stickgarn auf das Gesicht sticken.

Der richtige Platz für Prinz oder Prinzessin

Königlicher Thron

MATERIAL

- 1,50 m blau gestreifter Baumwollstoff
- 1,50 m hellblauer Baumwollstoff
- 3 große Strasssteine zum Kleben
- 2 kleine Strasssteine zum Kleben
- 4 Ösen und Ösenzange
- 1,10 m blaues Satinband, 2 cm breit
- dickes Volumenvlies

Zuschneiden:
Vorlage „Krone" von Seite 60 vergrößern und ausschneiden. Vorlagenteil mit rundum 1 cm Nahtzugabe aus dem Stoff zuschneiden.
139 x 31 cm in Blau gestreift, einmal, ohne Nahtzugabe, für die Vorderseite
139 x 31 cm in Hellblau, einmal, ohne Nahtzugabe, für die Rückseite
Krone nach Vorlage in Hellblau, einmal im Stoffbruch
24 x 46 cm in Hellblau, einmal, ohne Nahtzugabe, für das Sitzkissen
55 cm blaues Satinband, zweimal, für die Bindeschleifen

Stuhlhusse

Schwierigkeitsgrad

◆◆

Größe

82 x 28 cm

Vorlage Seite 60

Nähen:
Die Nahtzugaben an den Außenkanten der Krone einmal umschlagen und bügeln. Krone mittig auf den blau gestreiften Stoff heften, der Abstand zum unteren Rand beträgt 58,5 cm. Die Krone mit Zierstichen auf den Stoff applizieren.

Die Vorder- und die Rückseite rechts auf rechts aufeinanderlegen und bis auf eine Wendeöffnung an der unteren kurzen Seite zusammennähen. Die Stuhlbusse wenden und die Öffnung mit der Hand zunähen.

Die vier Ösen in die Stoffkanten drücken. Die Abstände betragen hier 31 cm und 60 cm unterhalb der Oberkante, jeweils 2 cm innerhalb der Seitenkante.

Die drei großen Strasssteine auf die Spitzen der Krone kleben, die beiden kleinen an die inneren Ecken der Krone.

Die Husse wird über die Oberkante des Stuhls gelegt. Die Ösen des nach hinten gefalteten Rückteils liegen auf gleicher Höhe wie die Ösen auf der Vorderseite. Die Position der Ösen gegebenenfalls an die Form des eigenen Stuhles anpassen. Die Satinbänder durch die Ösen ziehen und seitliche Schleifen binden.

Den blauen Stoff für das Sitzkissen rechts auf rechts quer zur Hälfte falten und die beiden gegenüberliegenden Seiten steppen. Volumenvlies zuschneiden und als Polsterung in den Sitzkissenbezug schieben. Die offene Seite mit der Hand zunähen.

TIPP

Messen Sie für die Stuhlhusse den eigenen Stuhl Ihres Kindes aus und verwenden Sie diese Maße. Geben Sie an allen Seiten ausreichend Nahtzugaben dazu. Achten Sie auch auf die Lage der Ösen für die Bindebänder.

Susi sieht beim Essen zu – da lässt es sich gut speisen

Tischset

Schwierigkeitsgrad

◆◆

Größe

38 x 52 cm

Vorlage Seite 61

Guten Appetit!

MATERIAL

- 0,40 m weißer Baumwollstoff
- 0,20 m bunter Kreppstoff
- Stoff für den Kopf
- braune Wolle für die Haare
- 2 Knöpfe
- rotes und schwarzes Stickgarn

Zuschneiden:
Vorlagen „Tischset" (Körper, Kopf) von Seite 61 durchpausen und ausschneiden. Vorlagenteile mit rundum 1 cm Nahtzugabe aus den Stoffen zuschneiden.
40 x 35 cm in Weiß, einmal, für das Set
12 x 35 cm in Weiß, einmal, für die Fläche unter der Bestecktasche
40 x 55 cm in Weiß, einmal, für die Rückseite
12 x 17 cm in Bunt, einmal, für die Bestecktasche
40 x 5 cm in Bunt, zweimal, für die Seitenkanten
55 x 5 cm in Bunt, zweimal, für Ober- und Unterkante
Kopf nach Vorlage in hellem Stoff, einmal
Kleid nach Vorlage in Bunt, einmal
Wolle in fünf 25 cm langen Stücken, für die Haare

Nähen:
Oberkante der bunten Bestecktasche zweimal 1 cm weit nach hinten umschlagen, festnähen.

Die zwei weißen Stoffstücke für die Vorderseite an den 35 cm langen Kanten rechts auf rechts aufeinandersteppen, dabei die rechte Seite der Bestecktasche mitfassen.

Die beiden 40 cm langen Streifen aus buntem Kreppstoff rechts auf rechts an die Seitenkanten des Sets nähen. Die beiden 55 cm langen Streifen aus Kreppstoff auf die gleiche Weise an Ober- und Unterkante des Sets nähen.

Für die Applikation die Nahtzugaben von Kopf und Kleid rundherum einschneiden und zur linken Stoffseite hin bügeln. Kopf und Kleid links auf das Set applizieren. Haare aus Wolle aufnähen. Gesichtszüge, Arme und Beine nach Vorlage mit Stickgarn aufsticken. Die beiden Knöpfe auf das Kleid nähen.

Die fertige Vorderseite des Sets rechts auf rechts auf die 40 x 55 cm große Rückseite legen. Die Außenkanten rundum steppen, dabei eine Wendeöffnung lassen. Tischset wenden und die Öffnung mit der Hand zunähen.

TIPP

Waschen Sie das Set von Hand, damit die wollenen Haare des Mädchens nicht verfilzen. Sie können die Haare auch mit Zickzackstich ganzflächig auf dem Set befestigen.

Lustige Vögel und Herzen schweben im Kreis

Mobile

Schwierigkeitsgrad

◆◆

Größe

5 bis 14 cm

Vorlagen Seite 61

Vogelfrei

MATERIAL

- Baumwollstoffe, uni und gemustert
- blaues Stickgarn
- Füllwatte
- Mobile-Set mit 6 Stäben

Zuschneiden:
Vorlagen „Mobile" (Vogelformen I,II,II, Flügelformen I,II,II, Herzen I,II,II) von Seite 61 vergrößern, durchpausen und ausschneiden. Alle Stoffteile mit rundum 1 cm Nahtzugabe zuschneiden. Vogelvorlagen jeweils an der Schnabellinie auseinanderschneiden. Auch an diesen Schnittkanten 1 cm Nahtzugabe zugeben. Die zerteilte Vorlage kann anschließend mit Klebestreifen wieder zusammengesetzt werden.

Vogelkörper und Schnabel nach geteilten Vorlagen I, II und III, je zweimal gegengleich
Flügel nach den Vorlagen I, II und III, je zweimal im Stoffbruch
Herzen nach den Vorlagen I, II und III, je zweimal im Stoffbruch
Stickgarn in gewünschter Länge, für die Aufhängung

Nähen:
Je zwei Stoffzuschnitte für Körper und Schnabel an der Teilungslinie zusammennähen. Die Nähte auseinanderbügeln. Die Vorlage für die komplette Vogelform so auf den Stoff legen, dass Schnabel und Körper auf zwei verschiedenen Stoffen liegen. Beide Körperhälften müssen spiegelbildlich gearbeitet sein. Je zwei gleiche Körperformen rechts auf rechts bis auf eine kleine Wendeöffnung zusammennähen. Die Nahtzugaben an den Rundungen, bzw. Ecken vorsichtig einschneiden. Den Körper wenden und mit Füllwatte ausstopfen. Wendeöffnung noch nicht schließen.

Je zwei gleiche Flügelteile rechts auf rechts aufeinanderlegen und bis auf eine kleine Wendeöffnung steppen. Die Flügel wenden und die Öffnung mit der Hand zunähen, danach mit der Hand auf den Körper nähen.

Das Stickgarn zum Aufhängen von unten her durch die Wendeöffnung, Körper und Flügel bis auf die Rückenlinie der Vögel ziehen und festknoten. Wendeöffnungen der Vogelformen mit der Hand zunähen.

Für die Herzen die Stoffe rechts auf rechts aufeinanderlegen und bis auf eine kleine Wendeöffnung steppen. Nahtzugaben an den Rundungen einschneiden. Herzen wenden und mit Füllwatte ausstopfen. Das Stickgarn durch die Wendeöffnung in das Herz ziehen und an der Kerbe der Oberkante heraus führen. Wendeöffnung mit der Hand zunähen.

Zum Schluss alle Teile mit den Fäden an das Mobile hängen.

Alle Vorlagen auf die angegebenen % vergrößern

Lätzchen Seite 12 (ca. 300 %)

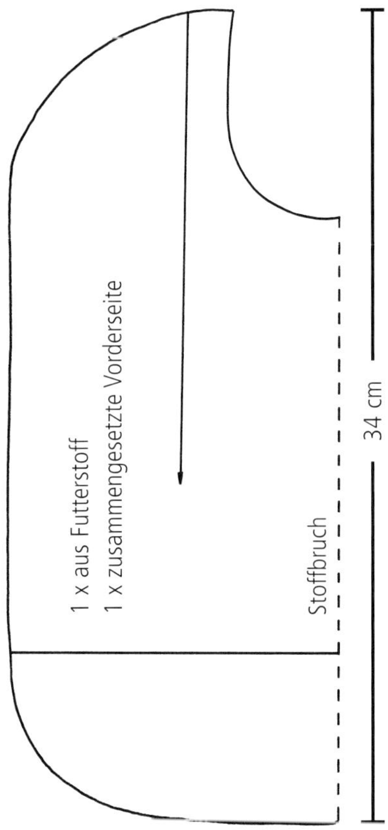

Greifling Seite 14 (ca. 180 %)

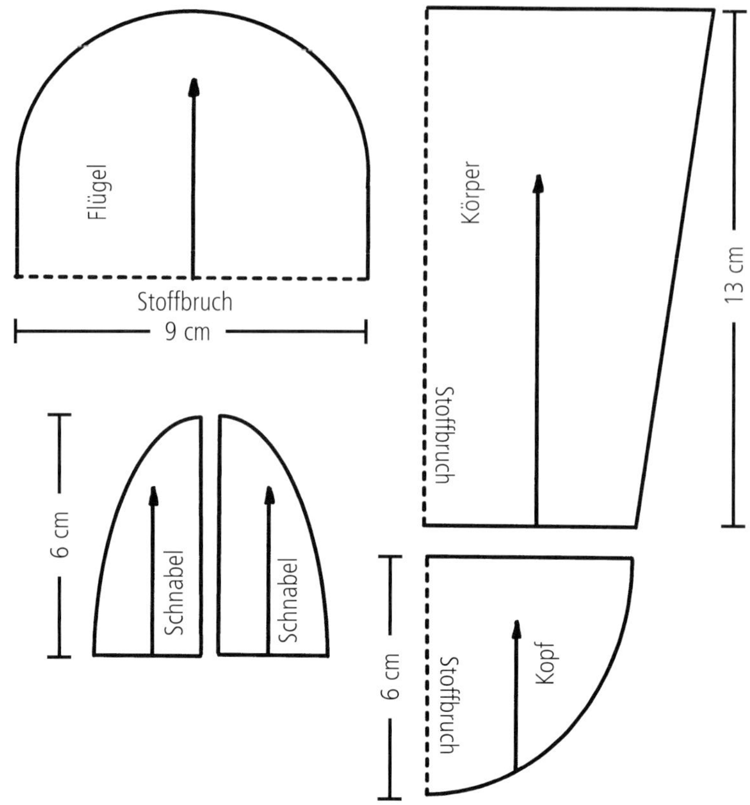

Tasche mit Herz Seite 16 (ca. 150 %)

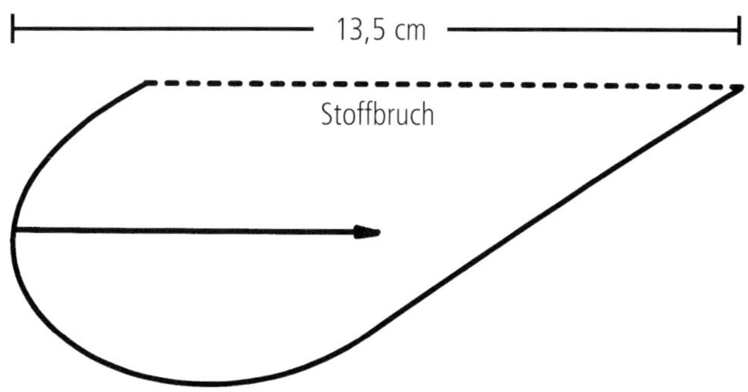

Wärmflaschenbezug Seite 14 (ca. 250 %)

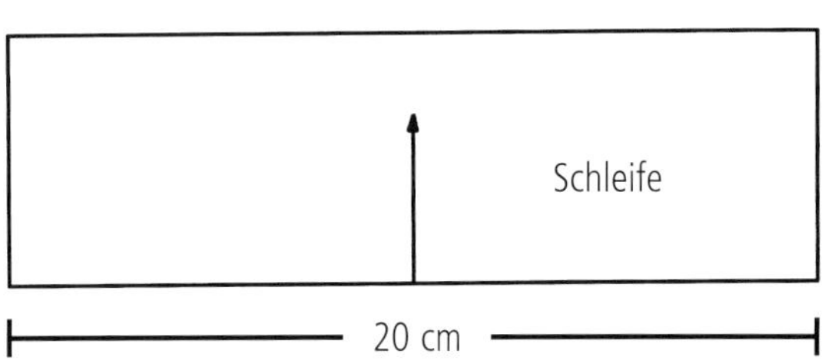

Wärmflaschenbezug Seite 14 (ca. 220 %)

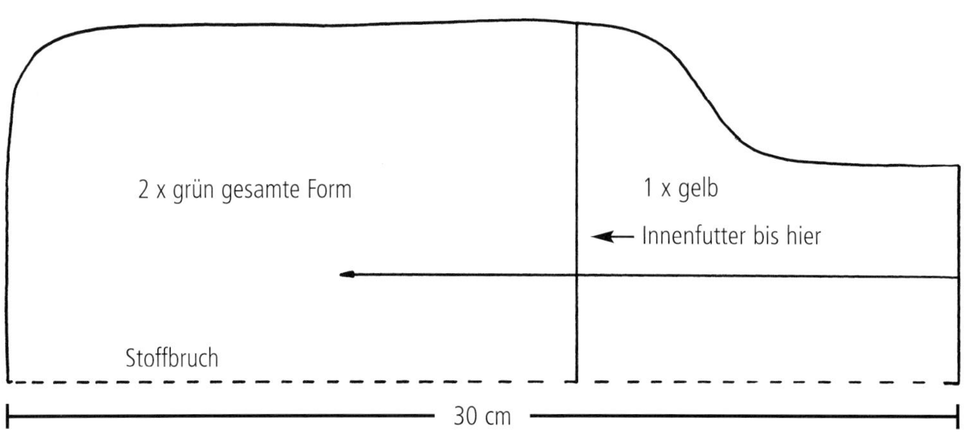

Milchflaschenbeutel Seite 12

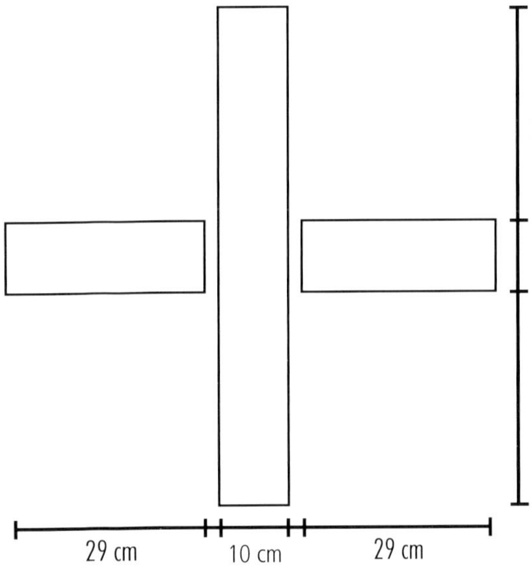

Piratenschiff Seite 24

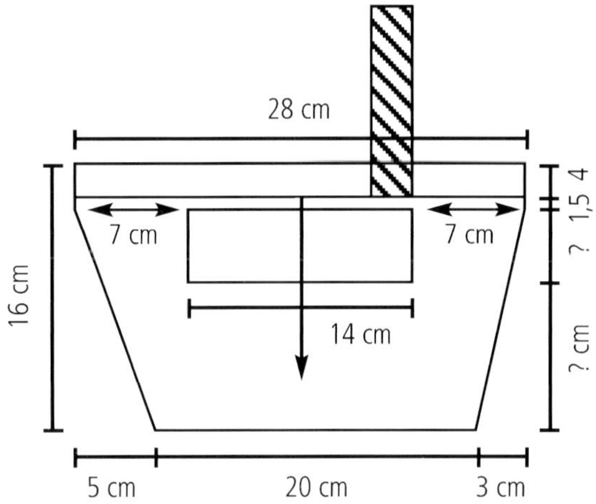

Schwert Seite 22 (ca. 220 %)

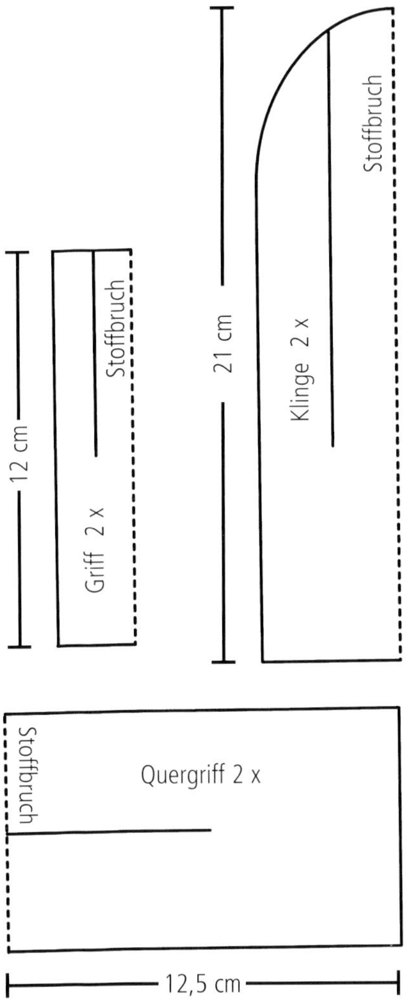

Schatztruhe Seite 24

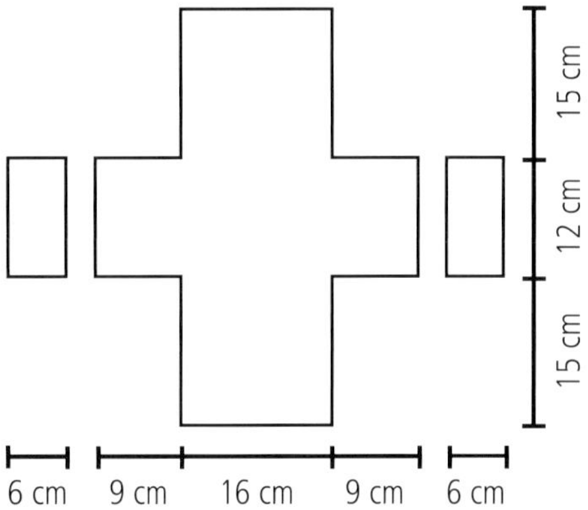

Mappe für Buntstifte Seite 18

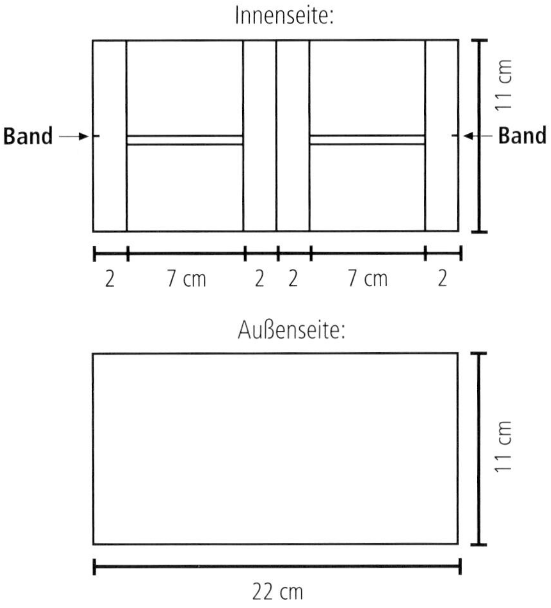

Impressum

Entwürfe und Realisation:
Edina Stratmann
Lektorat und Fachkorrektur:
Bernadette Mayr
Redaktion:
Anke Sturm
Fotos:
Hermann Mareth (Seiten 11-29, 33-42, 49, 51),
Uzwei Fotodesign (Seiten 7, 31, 43-47, 53, 55),
Edina Stratmann (Seiten 12, 14, 16, 18, 24, 26, 30, 32, 48, 50, 54),
Uwe Stratmann (Seite 9)
Styling:
Elke Reith, außerdem:
Edina Stratmann (Seiten 12, 14, 16, 18, 24, 26, 30, 32, 48, 50, 54)
Technische Zeichnungen:
Andrea Ketterer
Vorlagenzeichnungen:
Edina Stratmann
Layout:
Dieter Richert, Freiburg/Köln
Reproduktion:
PrePress Baun, Fellbach
Druck und Verarbeitung:
Himmer AG, Augsburg

ISBN 978-3-8410-6062-4
Art.-Nr. OZ6062
2. Auflage 2010

Hersteller

Westfalenstoffe AG,
Müster
www.westfalenstoffe.de

Green Gate,
Kopenhagen, DK
www.greengate.dk

Kinderstoffe-Farbenfroh,
Oberhausen
www.stoffefuerkinder.de

Freudenberg Vliesstoffe KG,
Heidelberg
www.vlieseline.de

Gütermann Sulky®,
Gutach/Br.
www.guetermann.com

Prym Consumer GmbH,
Stolberg
www.prym-consumer.com

KnorrPrandell GmbH,
Lichtenfels
www.bastelideen.com

Rayher Hobby GmbH,
Laupheim
www.rayher-hobby.de

Danksagung

Ganz herzlichen Dank sagt die Autorin Edina Stratmann bei Birgit Unterluggauer und Silke Oltersdorf für die hilfreiche Unterstützung bei diesem Projekt.

Kreativ-Service

Sie haben Fragen zu den Büchern und Materialien? Frau Erika Noll ist für Sie da und berät Sie rund um die Themen Basteln und kreatives Hobby. Rufen Sie an! Wir interessieren uns auch für Ihre eigenen Ideen und Anregungen. Sie erreichen Frau Noll per E-Mail: **mail@kreativ-service.info** oder Tel.: **+49 (0) 5052/91 18 58**
Montag–Donnerstag: 9–17 Uhr / Freitag: 9–13 Uhr